# 〝適者生存〟戦略を どう実行するか

## 卸売市場の〝これから〟を考える

【監修】
市場流通ビジョンを考える会幹事会
【編集・執筆】
藤島廣二
【執筆】
八田大輔・宮澤信一・鈴木誠

# はじめに

　卸売市場は高い公共性・公益性を有し、多くの人々が想像する以上に重要な社会的機能・役割を果たしている。これに優る効率的な流通システムはないと言っても過言ではない。それゆえ、〝問屋無用論〟が跋扈していた1960年代、70年代においてさえ、市場流通（卸売市場を経由する生鮮品の流通）は青果物流通、水産物流通、花き流通において伸張し、各総流通量に占めるシェア（市場経由率）を8〜9割にまで高めた。

　しかし、卸売市場に限らず、人でも、組織でも、商品でも同じであるが、〝良いもの〟が常に他を圧倒し、存在価値を高められるわけではない。どんなに高い能力を有する人材であっても、どんなに緻密に構成された組織であっても、どんなに優れた品質の商品であっても、それぞれを取り巻く環境に適応できていなければ十分に力を発揮することはできず、存続さえ危ぶまれかねない。

　しかも、環境は多様である上に一定でもない。例えば気温という自然環境を考えると、〝温暖化〟と呼ばれる長期的な変化もあれば、〝日較差〟といわれるわずか1日の中での温度変化もある。もちろん、卸売市場や企業にとってより重要といえる社会環境も、多様性や変化の点では何ら変わらない。それゆえ、自らを取り巻く環境に適応し、自らの能力を存分に発揮するためには、どのような環境に対応すべきかを適切に選択し、その変化の内容を把握する努力が求められる。

　卸売市場にとっては、2020年に入って世界中に急速に蔓延した新型コロナウイルス感染症（COVID-19）も主要な環境変化の一つである。これによる〝ステイホーム〟〝外出自粛〟によって外食業者を中心に業

務用需要が急減し、夕張メロン等の高級果実やマグロ等の高級食材、さらには多くの花きの価格が急落した。21年に東京オリンピック・パラリンピックが開催されないことにでもなれば、この影響は何年間も続く可能性がある。10年、20年もの長期に及ぶことはないと思われるが、リモートワーク等の定着によって内食（家庭内で調理し、食事すること）へのシフトが進めば、引き続き外食業者の需要を低く抑える可能性がある。

　影響する期間の長さから言えば、1980年代後半ごろから顕在化し始めた社会の高齢化と2020年6月から施行された改正卸売市場法は、卸売市場にとって最も主要な環境変化である。

　社会の高齢化は消費量の減少だけでなく、輸入の増加や食の外部化を引き起こし、流通量に占める加工品比率を著しく高めた。卸売市場は生鮮品の取扱に特化しているため、特に青果物と水産物の流通において加工品比率が上昇するにつれて市場経由率（青果物等の総流通量に占める卸売市場取扱量のシェア）は明らかな低下傾向にある。このことは卸売市場が従来通りの〝やり方〟に拘泥する限り、環境の変化に対応できないことを示唆するものと言える。

　改正卸売市場法の施行は各卸売市場の商圏（販売先範囲）の拡大を促すのはもとより、卸売市場間・業者間の垣根、および市場内・市場外の垣根も取り壊す可能性が高い。その結果、卸売市場間・業者間の競争は激しさを増し、市場数・業者数は一段と減少するとみられる。また、市場外からの資本の流入が進むとともに、本来の卸売市場業務以外の業務への進出の必要性も高まることになろう。いずれにしても、改正法によって流通構造の変化や業務の多様化が進むことは間違いなく、これへの対応が求められることになろう。

　本書では、以上のような認識の下、卸売市場が主要な環境とその変

化に対応することによって、引き続き〝高公共性・高公益性〟を発揮しつつ、社会に大いに貢献できる方法、すなわち卸売市場の〝適者生存〟戦略の今後の実現方策について検討することにしたい。ただし、COVID-19の影響が定かでないことから、本書では特に影響が大きいと考えられる社会の高齢化と改正卸売市場法に注目し、COVID-19に関しては必要な限りにおいて言及するにとどめる。そのため、以下のような構成を採用した。

　第1章では、卸売市場の社会への貢献度の高さ、それゆえ今後も維持・強化すべき機能・役割を明確にした。これは卸売市場がこれまで存続してきた土台であり、今後も存続するための土台であるとともに、まさに卸売市場の〝強み〟でもある。

　第2章では、社会の高齢化の側面から、どのような環境の変化が進んでいるかを明らかにし、その変化に対応するための手がかりを見出すことに努めた。

　第3章では、改正卸売市場法とそれを受けて制定された業務規程の特徴等を分析し、同法等が市場流通に及ぼすであろう今後の影響に関する把握を試みた。

　これらの3章を受けて、第4章から第6章において〝適者生存〟戦略について論じた。まず第4章では、卸売市場の存在価値を高めることを目的に、〝強み〟をさらに強化する方策について整理した。

　第5章では、社会の高齢化に起因する市場経由率（総流通量に占める卸売市場取扱量のシェア）の低下を防ぐために、高齢化に対応した対応策について論じた。

　最後の第6章では、改正卸売市場法とそれに対応した新業務規程の下で起きるであろう出来事や新たな可能性を想定し、それに対応するための方策をまとめた。

　以上の6章の構成であるが、本書が強調したいことは第4章から第6章にある。しかも、ここでは複数の執筆者が様々な角度から論じているため多様な意見が収録されている。その中から読者の方々が一つでも役に立ちそうな対応策を見出して下さるならば、市場流通ビジョンを考える会幹事会、執筆者とも、大きな喜びである。

　最後に、本書の出版にあたってたいへんお世話になった筑波書房の鶴見治彦氏に心から厚くお礼申し上げたい。


　2020年（令和2年）6月

　　　　　　　　　　　　　　市場流通ビジョンを考える会幹事会

# 目　次

# 第1章

# 日本の卸売市場の社会的機能・役割

## (1) 日本型卸売市場の成立過程―公共インフラとしての誕生―

　世界の多くの国・地域に卸売市場はあるものの、日本の卸売市場、特に中央卸売市場は、世界に類を見ない特徴を有している。それは卸売市場法の前身である中央卸売市場法の成立の経緯に基づいている。

　中央卸売市場法は1923年（大正12年）3月30日に成立したが、この法律はその5年ほど前の1918年（大正7年）8月3日に勃発した米騒動を契機に策定されたとよく言われる。確かにそうした面があることは否定できない。しかし、それだけでは、なぜ5年近いタイム・ラグがあったかを理解することはできない。

　実は、米騒動発生後、国（中央政府）や地方公共団体（地方政府）が採用した対策は公設小売市場の設置・普及であった[注1]。公設小売市場とは生産者がそこで消費者に直接販売するか、市場内で営業する小売業者が生産者から直接仕入れて、それを消費者に廉価で販売することを目的としたものであった。要するに、当時の国と地方公共団体は中間の卸売段階を抜くことで安くできると考え、米騒動のきっかけ

---

（注1）公設小売市場は1918年4月15日に大阪市内に設置された4か所の施設を嚆矢とするが、米騒動を契機に他都市でも設置が進み、さらに同年12月には内務次官通牒「小売市場設置奨励ノ件」が発せられた結果、1920年の公設小売市場数は6大都市（東京市、京都市、大阪市、横浜市、神戸市、名古屋市）の合計で109か所に上った（卸売市場制度五十年史編さん委員会編『卸売市場制度五十年史（第一巻）』第4章参照）。

となった物価の暴騰を抑えるために公設小売市場の普及を図ったのである。

　しかし、公設小売市場は大都市を中心に各地に設置されたものの、品揃え、安定供給、価格形成等の点で当初考えられたような機能を十分に発揮することはできなかった。そのため、東京市会や京都市会、名古屋市会等から公設小売市場の機能をより十全に発揮させるためにも、中央公設市場（卸売市場）を設置する必要があるとの声が上がった。すなわち、公設小売市場の普及の過程において卸売市場の役割の重要性が認識され、その結果、米騒動の発生から５年ほど遅れて中央卸売市場法の制定に至ったのである。

　こうした経緯のゆえに、中央卸売市場は単に「卸売市場だから」という理由以上に〝公共性・公益性〟が強く求められ、国民の生活に不可欠な多種類の生鮮品を適正な価格で安定的に供給することが求められた。そのため、1927年（昭和２年）に我が国最初の中央卸売市場が京都市に設置された時には、開設者を地方公共団体に限定する「公設公営制」が採られただけでなく、他の国・地域には見られなかった特徴を有する卸売市場、まさに〝日本型卸売市場〟として開設されることになった。

　同市場の主な特徴を２つ挙げると、一つは、米騒動の一因となった商人（米問屋等）の買い占め等による〝暴利〟を防ぎ、かつ流通量（取引量）を容易に把握することを目的に、卸売市場内の商人の活動を行政機関が厳格に監督できるようにしたこと。具体的には、卸売業者（当時の名称は卸売人であるが、個人ではなく企業を意味する）が勝手に供給量を調整し価格を決めることができないようにと受託拒否の禁止と委託・競り取引の原則を設け、さらに価格の低廉化のために委託手数料率の上限を定める（当時の手数料率の上限は卸売額の10％）とと

もに、かかる統制の実効性を高めるべく取引の中核となる卸売業者の数を制限した（中央卸売市場以外の卸売市場の設置も制限した[注2]）。ちなみに、最初の中央卸売市場である京都市中央卸売市場の場合、卸売業者数は部類（青果部、鮮魚部、塩干魚部、川魚部）ごとに単一とした。

　もうひとつの主な特徴は、卸売市場内に立場の異なる2種類の業者、すなわち売り手（生産者、出荷者）側に立つ卸売業者と、買い手（小売業者、業務用需要者）側に立つ仲卸業者（当時の名称は仲買人であるが、個人ではなく企業を意味する）とが並存するようになったこと。両者の並存は、上述した卸売業者の数の制限が従来の問屋の合併によって進められ、その際、何らかの理由で合併に参加できなかった問屋が仲卸業者として卸売市場内で営業することになったからであるが、この並存によって卸売市場の価値評価機能が大いに高まった（詳しくは本章の（4）を参照）。なお、卸売業者数は単一またはごく少数に制限されたが、仲卸業者数については特別な制限はなく、築地市場（現在は豊洲市場）時代の水産物部では一時期1,000名を超えていた。

　今日でも中央卸売市場や比較的規模の大きな地方卸売市場は、上述の2つの特徴（①卸売業者数の単一またはごく少数、②「卸売業者＋仲卸業者」制度）を有し、日本型卸売市場としての基本特性において何らの変化もなく、公共性・公益性が高い公共インフラ（公共インフラストラクチャー）としての役割を果たしている。ちなみに、これら

---

（注2）中央卸売市場法はその第6条において、中央卸売市場を開設する場合、その開設区域（当時の名称は指定区域）内において当該中央卸売市場と類似の行為をなす卸売市場があれば、それを閉鎖できるとした。これは「一地域一市場制」と称されたが、開設区域内の取引の監督を遺漏なく行うためであった。

の特徴は日本以外では韓国と台湾の卸売市場で見られるだけである。

## （2）必要とする人々全員にオープンな取引システム

　日本の卸売市場が果たしている社会的な機能・役割について、農林水産省は集荷分荷機能、価格形成機能、代金決済機能、情報受発信機能の4機能を挙げている。しかし、これらの機能は卸売市場だけに特有なものではない。商業者・商業組織であれば、いずれもこれらの機能を果たしていると言える。公共インフラとしての日本型卸売市場の社会的機能・役割については、もっと奥深く捉える必要がある。

　この機能・役割については我々は既に『市場流通2025年ビジョン』（筑波書房・2011年）において6点にわたって比較的詳しく記述したが、今回はそれらを3点に絞ってまとめることにする。

　まず第1に挙げうる社会的機能・役割は、数量調節が困難であるにもかかわらず、人々の日々の生活に欠かすことができない生鮮品（青果物、水産物、食肉、花き）の取扱において、出荷側と仕入側の双方にとって〝オープンな取引システム〟を形成していることである。ここでのオープン・システムとは、卸売市場が出荷や仕入れに際して誰でも自らの必要に応じて利用でき、しかもいつでも自由に利用できる仕組みであることを意味する。これは売買を目的に多くの人が集まるという〝市場〟本来の特性に加えて、受託拒否の禁止と差別的取扱いの禁止とが制度化されたことによって極めて堅固に形作られた。

　例えば、卸売市場の卸売業者は委託出荷を希望する出荷者（生産者等）がいれば、誰の出荷でも受け入れる。農産物であれ水産物であれ天候次第で日々の収穫量・漁獲量は大幅に変化するが、卸売業者は出荷量の多寡に関係なく、上場単位に達していれば、全量を受け入れて販売する。わずか数日の間に生産・出荷量が2倍、3倍、あるいは2

分の 1、3 分の 1 と大幅に増減する品目も珍しくないが、それでも受け入れる。こうした柔軟な受入体制（取引システム）があることによって、日本では生産者は販売の心配をすることなく生産に専念できる。ちなみに、卸売市場外の契約取引等は収穫量・漁獲量の大幅な変動に対応できないし、欧米等のように小規模かつ多数の卸売業者が存在する卸売市場でも対応不可能であろう。

　仕入れに関しても、小売業等を営むための仕入資金さえあれば、誰でも卸売市場から仕入れできる。卸売業者から直接仕入れるには売買参加者という資格が必要になるが、それがなくても仲卸業者から仕入れることができる。しかも、こうした自由で差別のない仕入システムがあることによって、日本では仕入れや店舗配送のための物流センターを持たない小規模な多くのローカル・スーパーマーケット等が存在し、小売業界の寡占化が進んでいない<sup>(注3)</sup>。そのため、消費者は店を選ぶことができるのはもちろんのこと、買いたい品物を品種やサイズ等にまでこだわって選択し、かつリーズナブルな価格で購入することができる。

　なお、日本の場合、卸売業者の数が少なく、大規模であることから、各卸売市場に多種多様な品目・品種が入荷してくるだけでなく、それらの品目・品種の多くがそれぞれ一括・大量に入荷するため、大手のスーパーマーケット・チェーンも卸売市場から仕入れるのが一般的である。これに対し、欧米のスーパーマーケット・チェーンの場合は、卸売市場の卸売業者が小規模・多数であるため荷のまとまりがなく、

---

（注 3）農林水産省食料産業局の資料「生産者に有利な流通・加工構造の確立に向けて」（平成28年 9 月）によれば、スーパー業界全体の市場規模の中で上位 5 社のシェアは日本が30％（2013年）に対し、アメリカ45％（2012年）、イギリス65％（2014年）、フランス75％（2012年）である。

それぞれが売れ筋を中心に品揃えする等の理由から、物流センターを構えて卸売市場外で仕入れるのが普通である。そのため、物流センターを保有できないような小規模なスーパーマーケット・チェーンが育ちにくく、小売業界の寡占化が進みやすいと考えられる。

### (3) 多様な品揃えを低コストで実現

　日本型卸売市場の社会的機能・役割の第2は、一般に想定される以上に低い流通コストで数多くの生産者等から多種多様な生鮮品を受け入れ、それを多数の小売店等を通して消費者に供給する仕組みを構築したことである。

　半世紀以上も前にイギリス人女性のマーガレット・ホールは、卸売段階の存在が流通コストを増嵩するのではなく、逆に縮減することを説明した。それが「取引総数極小化の原理」[注4]であるが、生鮮野菜の流通になぞらえて概説すると、次のようにまとめられよう。

　野菜の生産者は5名で、生産効率を高めるため、それぞれが異なる品目を生産し、小売業者も5名で品揃えのために全生産者の荷を仕入れると仮定すると、**図1**の左側のように生産者と小売業者が直接取引をする場合、取引総数は「5×5」で25回になる。これに対し、両者の間に卸（卸売市場）が介在する右側の場合、生産者は卸に出荷し、小売業者は卸のところで品揃えしたものを仕入れるため、取引総数は「5＋5」の10回ですむ。その結果、卸が介在する方が売買を実現するための交渉回数が少なく、請求書等の書類の作成回数等も少なくなるなど、取引のためのコストが縮小する。さらに、各生産者が5小売

---

（注4）詳しくはマーガレット・ホール（片岡一郎訳）『商業の経済理論』東洋経済新報社・1957年を参照されたい。

図1　取引総数極小化の原理

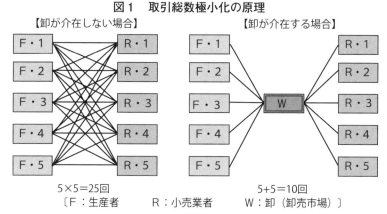

【卸が介在しない場合】　　　　　　　　【卸が介在する場合】

5×5＝25回　　　　　　　　　　　5＋5＝10回
〔F：生産者　　　　R：小売業者　　　W：卸（卸売市場）〕

業者と直接に取引する場合、それぞれが5台の小型トラックで運ぶの
に対し、1卸と取引する場合は1台の大型トラックで運べることから、
輸送コストの縮減にもなり得る。もちろん、実際には生産者と小売業
者の数はここでの5名を著しく上回ることから、掛け算と足し算の格
差は「25対10」よりもずっと大きくなることは改めて言うまでもない。

　このマーガレット・ホールの理論は当然、日本型卸売市場にも当て
はまるが、実は同市場の場合、この理論以上に流通コストを縮減する
仕組みが組み込まれている。それは主に以下の3点である。

　一点目は、開設者が地方公共団体である卸売市場の場合、市場運営
費の一部を税金でまかなうことができ、また市場施設の建設の際には
地方債等を利用できることである。これによって市場使用料（賃貸料）
を低く抑え、消費者が負担する流通コストを縮減することが可能にな
る。

　二点目は、卸売業者の販売手数料率の上限を設けるなどの方法に
よって、市場内業者の収益の増加を抑制していることである。このこ
とは1927年に京都市に我が国最初の中央卸売市場が開設された時、卸

売業者の手数料率の上限を10％とし、第2次大戦後の58年に野菜10％、果物8％、水産物6％に改め、さらに高度経済成長期に卸売市場の取扱額が急速に増え、収益も増加すると、63年の農林事務次官通達によって野菜8.5％、果物7％、水産物5.5％に引き下げたことなどからも明らかである。

　そして三点目は、受託拒否の禁止や委託販売方式等の制度化と取引当事者間の強い信頼関係とが相まって、通常であれば取引ごとに行われる数量や価格に関する交渉・契約が不要になったことである。これによって卸売業者等の営業担当者がそうでない場合に比べて少なくすむなど、人件費を中心とする流通コストが大幅に縮減する仕組みが構築された。

　以上から明らかなように、日本型卸売市場は流通コストの縮減機能が非常に強い。しかも、前節「(2) 必要とする人々全員にオープンな取引システム」で説明したように生鮮品が多数の生産者等から入荷することに加えて、単数またはごく少数の卸売業者が幅広い顧客のニーズに対応することから、多種多様な生鮮品の品揃えをする傾向も極めて強い。大型の卸売市場で取り扱う青果物は400品目、水産物は700品目とも言われ、花きは色や形の違いも含めて数えるならば4万種類以上にのぼるとも言われている。かくして、日本では富裕層に限らず一般庶民であっても、リーズナブルな価格で多種多様な生鮮品を選択できるという生活の豊かさを享受することが可能になっている。

## (4)「価値＋需給関係」に基づいた価格形成

　日本型卸売市場の社会的機能・役割のうち第3に挙げうるのは、出荷側・仕入側双方が納得しうる価格形成が行われているというだけでなく、農協とスーパーとの直接取引等の市場外取引においても指標と

して参考にされるような価格形成が行われていること、いわば誰もが妥当と認めうる価格形成が行われていることである。

卸売市場内には立場の異なる2種類の業者（個人ではなく企業）、すなわち卸売業者と仲卸業者が存在する。卸売業者は出荷者（生産者、農協、商社・商人等）から荷を受け、仲卸業者等に販売する。その販売で卸売業者が得る利益は受託品の場合、卸値に一定の委託販売手数料率（野菜8.5％等）(注5)を乗じた分であり、買付品の場合、買付価格と販売価格の差額である。したがって、できるだけ高く売ろうと努める。一方、仲卸業者は卸売業者から買い受けて、流通加工等を行うなどして、仕入業者（小売業者、業務用需要者）に販売する。それゆえ、仲卸業者がより多くを販売し、より多くの利益を得るためには、卸売業者からできるだけ安く仕入れる必要がある。すなわち、卸売市場では利害関係が相反する卸売業者と仲卸業者とが取引を行っているのである。

したがって、両業者のいずれかに有利になるような意図的な価格形成はほぼ不可能に近い。お互いが認めうる何らかの客観的基準に基づくことが必要になる。その基準の中で最も重視されているのが取引対象となる商品の価値である。そのことは「下見」の慣行から容易に理解できる。しかも、卸売業者と仲卸業者、特に仲卸業者の中には10年、20年どころか、30年以上も特定の品目の取引だけに携わっているベテランも多く、彼らは「目利き」という言葉に象徴されるように商品価値に対する高い評価能力を持っている。もちろん、生産者も高い評価

---

（注5）　委託販売の手数料率は2004年の卸売市場法の改正によって〝弾力化〟され、2009年から各卸売業者が自ら決めてよいことになった。ただし、開設者に事前に届け出るか、承認を受ける必要があるため、現在でも頻繁に変更することはできない。

能力を持っているが、生産者は主に自分の生産物だけを見ているのに対し、卸売業者（特に競り人）や仲卸業者は全国から集まる商品を、あるいは海外からも集まる商品を常に比較している。それゆえ、両業者、特に仲卸業者は極めて高い評価能力を有していると言える。

　もうひとつ重視される基準は、需給関係、すなわち各商品の短期的な需給状況と長期的な需給動向である。卸売業者と仲卸業者、なかでも卸売業者は全国の青果物や花きの作柄、あるいは漁場や天候の変化等にまで注目するなど、短長期の供給の変化に関する情報の把握に熱心であり、その情報量も多い。また、仲卸業者は顧客である小売業者や業務用需要者等の日々の仕入れ情報や、消費の流行等に関する情報等を入手できるなど、需要動向の把握にたけている。すなわち、両業者とも取扱商品や類似商品の需給関係の変化を判断する能力が高い。

　かくして、卸売市場では商品の価値と需給関係という客観的な基準を軸に価格形成が行われる。もちろん、人間が行う取引であることから、時には価値の高い商品が低い商品よりも安くなることもあるが、そうした場合には翌日または次の取引で安くなった商品の買いが増えるなど、修正の動きが起きることによって価値に見合うところに収束することになる。こうした客観性が卸売市場における価格形成の信頼性を高め、卸売市場外の取引でも指標として利用されるのである。

　ちなみに、卸売市場で価値に基づいた価格形成が行われているため、日本の小売店では例えば同一品種のリンゴでも熟度やサイズ等の違いによって個々の価格が異なり、消費者は１個１個を選択することができるのに対し、厳密な価値評価が行われているとは言い難い欧米等では、小売店は品質の違い等に基づいて個体の価格を変えるのではなく、個々に違いがあっても一括して量り売りするのが一般的である。

# 第2章

# 社会の高齢化としての環境の変化

## （1）国内生産力の低下と出荷戦略の転換

　前章で明らかにしたように、日本型卸売市場は極めて公共性・公益性が高く、重要な社会的機能・役割を果たしている。しかし、そのことは日本型卸売市場の社会的地位が保障されていることを意味するものではない。どんなに立派な機能・役割を果たしていても、卸売市場を取り巻く社会環境の変化に対応できなければ、地位は低下し、衰退せざるを得ない。それゆえ、社会環境の変化を常に把握しておく必要がある。その点、新型コロナウイルス感染症（COVID-19）の影響もさることながら、なかでも社会の高齢化に起因する変化こそ見逃せないであろう。その変化として特に以下に挙げる3点が重視されよう。

　第1は、高度経済成長期に農漁業生産者数が大幅に減少し、さらに1980年代半ば以降は60歳以上の生産者が半数を超えるなど、生産分野での高齢化が著しく進んだことによって、国内の農漁業生産力が低下したことである。そのことを「食料需給表」の3品目（野菜、果実、魚介類）の国内生産量データを用いて示したのが**図2**である。

　これから明らかなように、野菜は1970年代後半まで増加傾向で推移し、その後しばらくの間は1,700万トン弱を維持していたものの、87年から減少傾向に転じ、最近は1,200万トンをも下回るほどである。果実は84年から明瞭な減少傾向を示し、同年の640万トンから2017年の279万トンへ、半分以下にまで減少した。魚介類は80年代後半から

図2　野菜・果実・魚介類の国内生産量の推移

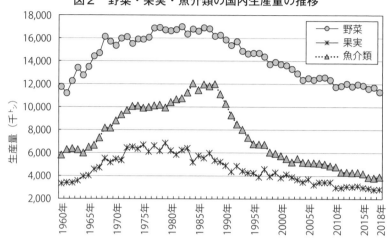

出所：農林水産省「食料需給表」
注：野菜はいも類を含まない。

急速に減少し始め、当時の1,200万トン前後から2016年以降は300万トン以下へと、3分の1以下に減じた。なお、花き生産者の高齢化は野菜生産者等よりも遅れたこともあって、切花の生産量の減少が始まったのは90年代後半から、鉢物と苗物は2000年代に入ってからであった。

　生産量の減少は当然、出荷量の減少となったが、それだけにとどまらなかった。出荷戦略そのものも変わった。例えば農協の出荷戦略はかつては〝一元集荷・多元販売〟の標語に代表されたように、農協ごとに管内の多数の生産者から収穫物を一元的に集め、それを各卸売市場の価格を見比べながら多くの卸売市場に適切に分散出荷するというものであった。ところが、1980年代半ば以降の生産量＝出荷量の減少によって分散出荷が困難になった。そこで従来とは逆に、出荷先卸売市場を絞り込むことで収益力を維持する戦略が採られることになった。94年に食品需給研究センターが行ったアンケート調査によれば、80年

代末ごろから小規模卸売市場を出荷先から除外し、より大規模な卸売市場に出荷を集中する出荷戦略が始まった<sup>(注6)</sup>。

　農協が出荷戦略を転換した主な理由の一つは、大産地における主要品目の生産量の減少であった。当然のことではあるが、卸売市場において仕入業者としてスーパーマーケット・チェーン等が台頭すると、その仕入れに対応できる荷のまとまりが必要になる。それゆえ、大産地であっても生産量が少ない品目は取引に見合う数量を確保するため特定のごく少数の卸売市場に集中的に出荷し、生産量が多い主要品目をいくつもの卸売市場向けに分散出荷していた。しかし、主要品目の生産量が少なくなると、少量生産品目と同様、荷のまとまりを維持するために出荷先を絞り込まざるを得なくなったのである。

　もうひとつの理由は、出荷の際の輸送コストである。多数の卸売市場に分散出荷する場合、1台のトラックで複数ヵ所に荷を降ろすことになるが、これは当然、1か所に降ろすよりも運賃が高い。分散出荷で輸送コストを上回る有利販売が可能であれば、複数か所での荷降ろしも良い選択なのであるが、運賃が高くなればなるほど、また価格が上がりにくくなればなるほど、分散出荷は難しくなる。なお、近年はトラック運転手の不足による輸送コストの上昇も出荷先の絞り込みを進める要因になっている。

　こうした出荷戦略の転換は各卸売市場の取引量に影響し、市場流通構造の変化を引き起こした。そのことを東京都中央卸売市場大田市場と築地市場（現豊洲市場）の卸売量シェアの変化として見たのが**図3**である。大田市場のシェアは野菜、果実とも1980年代後半を境に低下

---

（注6）　詳細は藤島廣二「1980年代中期を境とする青果物流通システムの変化」『農業総合研究』第50巻第1号（農林水産省農業総合研究所・1996年1月）を参照のこと。

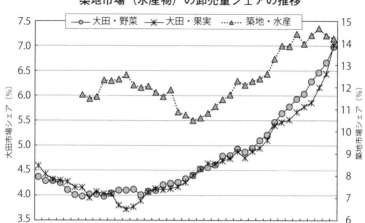

図3　全国市場流通量に占める大田市場（野菜・果実）と
　　　　築地市場（水産物）の卸売量シェアの推移

出所：農林水産省「青果物卸売市場調査報告」、「卸売市場データ集」
注1：大田市場シェア＝大田市場野菜（または果実）卸売量／野菜（または果実）の全
　　　国市場流通量、築地市場シェア＝築地市場水産物卸売量／水産物の全国市場流通量
注2：1988年以前の大田市場のシェアは旧神田市場と旧荏原市場の合計値。

傾向から上昇傾向に転じ、築地市場の水産物は90年代後半を境に上昇
傾向に転じた。全国市場流通の中で最大規模の両卸売市場への流通の
集中が進んだのである。ただし、この集中は両卸売市場の卸売量が増
加した結果ではない。両卸売市場以外の卸売市場の落ち込みがより大
幅であることによる。ちなみに、こうした流通構造の変化は地域ごと
に見ても、各地域の拠点卸売市場のシェアの上昇として同様に現れて
いる。

　以上のように、生産者の高齢化等による国内生産力の低下によって、
出荷団体等は特定の拠点卸売市場へ荷を集中する方向へと出荷戦略を
変えた。そしてこの結果、卸売量の減少幅が比較的少ない拠点卸売市
場のシェアが上昇する傾向にある。

## (2) 輸入の増大と加工品の高比率

　卸売市場を取り巻く社会環境の変化の第2は、1980年代半ば以降における農水産物の輸入の増大である。その主因は、改めて指摘するまでもなく、前節で明らかにした国内農漁業生産力の低下である。もちろん、85年9月22日のG5（先進5か国財務大臣・中央銀行総裁会議）のプラザ合意によって円高が急速に進行したことも[注7]、輸入の増加に強く影響した。その輸入量の増加状況を「食料需給表」のデータから示したのが**図4**である。

　同図表に見るように、野菜（いも類を含む）、果実、魚介類のいずれも、輸入量は既に1960年代あるいは70年代から増加傾向にあったものの、80年代半ばを境により大幅な増加に転じた。野菜は85年の107万トンから2005年の426万トンへ、20年ほどの間に4倍に増加し、純増分だけで300万トン以上に達した。果実は同じ期間に190万トンから544万トンへ、野菜を上回る350万トン以上も増加し、魚介類は84年の196万トンから95年には675万トンと、驚くことに11年間で500万トン近くも増加した。ちなみに、「魚離れ」の影響を受けて21世紀に入ってから魚介類の輸入量は減少傾向にあるが、それでも依然として国内生産量と同程度か上回るほどの数量である。同図には花きの輸入量を

---

（注7）G5は現在のG7（またはG8）の前身で、当時は日本、アメリカ、イギリス、フランス、西ドイツの5か国で構成していた。そのG5が1985年9月22日にアメリカ・ニューヨークのプラザホテルで開かれ、米国の双子の赤字（財政赤字と貿易赤字）を解消することを目的に「円高、マルク高、ドル安」で合意した。それがプラザ合意である。その結果、円は同合意前の1ドル＝240円前後から、95年4月19日には一時的ではあったものの1ドル＝79円75銭にまで高騰した。

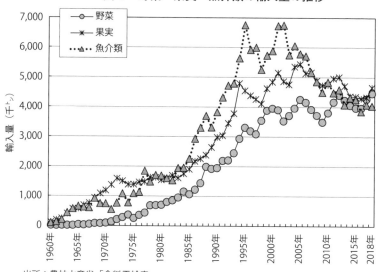

図4　野菜・果実・魚介類の輸入量の推移

出所：農林水産省「食料需給表」

示していないが、花きは球根と切花で輸入が増加した。球根は89年か
ら増加し、切花は国内生産力が低下し始めた90年代後半から大幅に増
加した。ジェトロ「アグロトレードハンドブック」によれば、切花輸
入量は97年の14千トンから2012年には47千トンにのぼり、15年間の増
加率は3倍以上に達した。

　これらの輸入、特に青果物と水産物の輸入については、数量の大幅
増加と共に、もう一つ注目すべき点がある。それは多様な輸入加工品
が存在し、輸入量全体に占める加工品または加工向け原料の比率が高
いことである。例えば野菜の輸入状況を製品形態別に見ると、**図5**の
ように、加工野菜の場合、冷凍野菜、塩蔵野菜、乾燥野菜等々と種類
が多く、しかも数量は冷凍野菜だけで生鮮野菜を上回るほどである。
ここでの加工品の数量は加工後の製品数量で、原料段階の生鮮数量に

図5　野菜の製品形態別輸入量の推移

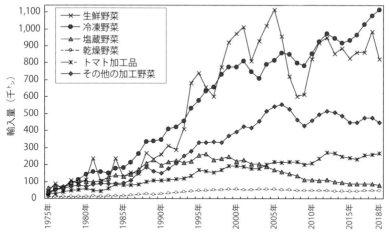

出所：農畜産業振興機構（旧野菜供給安定基金）資料
注：加工品は製品数量である（生鮮換算数量ではない）。

比べると少ないにもかかわらず、冷凍野菜が生鮮野菜を上回っている
のである。各形態別の輸入加工品がどれほどの生鮮換算数量になるか
は定かではないが、生鮮品数量と加工品生鮮換算数量を合わせた野菜
輸入量全体は「食料需給表」から知ることができる。それを利用して
最近の輸入加工品全体の生鮮換算数量を算出し、生鮮品輸入量と比較
すると、生鮮品の80万〜100万トンに対し、加工品は320万〜370万ト
ンとなる。加工品が野菜輸入量全体の8割近くを占めているのである。
　果実の場合は、バナナのようにたった1品目で年間輸入量が100万
トン前後に達する生鮮品があるにもかかわらず、毎年の生鮮品の総輸
入量は150万〜200万トンで、これに対して加工品はジュース類を中心
に毎年300万トン前後で推移している。それゆえ、加工品は総輸入量
の6割強に達する。

　水産物は生鮮・冷凍品形態（注8）で輸入されるものが多いが、その多くは国内で加工（塩干、燻製、缶詰）原料として利用されている。それゆえ、缶詰のように加工後に輸入されるものだけでなく、国内で加工に向けられる生鮮・冷凍品と非食用の飼肥料も輸入加工品に加えると、最近でも輸入加工品（加工原料を含む）は300万〜400万トンにのぼる。これは最近の輸入量全体（400万〜500万トン）の7〜8割に達する。

　ちなみに、輸入品は加工品比率が高いこと等から市場経由率が極めて低いと言われている。その比率を正確に計算することはできないが、推計のためのデータが揃っている青果物について2016年度の市場経由率を計算したところ、7％または9％という驚くほど低い値であった（注9）。この輸入品の市場経由率の低さが1980年代半ば以降におけ

---

（注8）野菜の冷凍品は熱処理（湯通し等）後に冷凍したものであるが、魚介類は漁獲後に船上等で冷凍する際、熱処理を施すことがない。それゆえ、通常、冷凍品は生鮮品と同様に扱われる。

（注9）輸入青果物の市場経由率の推計は「卸売市場データ集」と「食料需給表」のデータを利用することで可能である。ただし、前者の最新データは2016年度のものであるため、ここでは同年度の推計値を計算した。使用したデータは「卸売市場データ集」の青果物全体の市場経由率（56.7％）、国産青果物の市場経由率（79.5％）、青果物の総流通量（21,080千トン）と市場経由量（11,959千トン）、および「食料需給表」の国内生産量（野菜11,633千トン、果実2,915千トン、いも類3,604千トン）、輸入量（野菜2,900千トン、果実4,291万トン、いも類1,070千トン）、粗食料（野菜12,994千トン、果実5,932万トン、いも類2,668千トン）である。これらのデータのうち「食料需給表」のいも類を算入して計算するか否かで、輸入青果物の市場経由率の推計値に違いが出た。算入した場合が7％、算入しない場合が9％であった。輸入いも類は加工品が多いため、いも類を加えて計算すると、市場経由率は低めになるのである。なお、水産物や花きについては国が国産品の市場経由率を公表していないため、輸入品の市場経由率を計算することはできない。

る青果物全体または水産物全体の市場経由率の低下を引き起こしたと
考えられる。

## (3) 食の外部化と加工品需要の増大

　第3に挙げなければならない社会環境の変化は、日本社会全般の高
齢化につれて食の外部化が進み、それに伴って加工品を求める業務用
需要が増大したことである。なお、ここでの「食の外部化」とは中食
（総菜、弁当等）・外食（レストラン、ホテルやラーメン店等での食事）・
給食（学校、会社や高齢者施設等での食事）および調理済み加工食品
（レトルト食品、調理済み冷凍食品等）に対する一般消費者の需要が
増加することを意味し、「業務用需要」とは中食・外食・給食・加工
を業務とする個人や法人が調理・加工用の食材を仕入れることである。
　日本社会の高齢化は1980年代半ばから、65歳未満の人口が減少する
かたちで始まった。当時、既に農林水産業では高齢化等による労働力
問題が強く叫ばれていたが、社会全体としてはまだ高齢化による変化
をさほど強く意識していなかった。しかし、90年代半ばから75歳以上
層だけが増加し、さらに総人口が2008年をピークに減少し始めると、
高齢化に起因する変化が強く意識されるようになった。
　その変化を生活者の視点から3点ほど指摘するならば、1点目は高
齢者を中心にした単身者世帯の増加。この世帯数は現在では、かつて
標準世帯を言われていた「夫婦＋子供」世帯を抜いて第1位である[注10]。
2点目は高齢者施設の増加。厚生労働省の資料によれば、有料老人ホー
ムの数は2000年の350ヵ所から16年には10,783ヵ所へ、わずかの16年間

（注10）　国立社会保障・人口問題研究所の資料によれば、2010年時点の総世
　　　　帯数は4,605万世帯で、そのうち単身者世帯が1,680万世帯、「夫婦＋子供」
　　　　世帯が1,450万世帯であった。

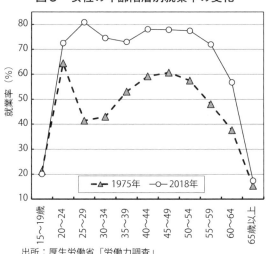

図6　女性の年齢階層別就業率の変化

出所：厚生労働省「労働力調査」

に30倍以上に増加した。そして３点目は高齢退職者の増加に対応した女性の就業率の上昇、特に20代後半以後の就業率の上昇（**図６**）である。結婚後はもちろん、子育て中も仕事をする女性が増えたのである。

　これらの３点のうち１点目と３点目は中食、外食および加工食品の需要の増加を、２点目は高齢者用の給食の増加を意味する。事実、とりわけ中食の増加が著しい。日本惣菜協会のデータによれば、1985年当時１兆６千億円ほどであった中食売上高は2017年には10兆１千億円へ、６倍以上も増加したほどである。

　かくして社会の高齢化に伴って食の外部化が進展したが、その担い手である中食業者等の食材仕入れ方法を調べると、家庭の食料品購入とは異なる点が認められる。それは農水産物の仕入れの際、圃場で取れた野菜等を原体のまま仕入れるというよりも、何らかの加工を施した野菜等を仕入れる傾向が強いことである。生鮮のままの仕入れで

あっても、野菜であれば手間をかける必要がないようにカットしたものを求めるし、魚であればおろしたものを求める。中には焼き魚や揚げ物のような完全に調理し終えた食品を食材として求める業者もいる。

　その主な理由の一つは、ゴミ処理や衛生面の維持が楽になることである。生鮮品を原体のまま仕入れるとゴミが増え、その処理に手間がかかる上に、厨房の清掃にも手間がかかるが、加工品であれば、そうした手間を減らすことが可能である。もうひとつの理由は、アルバイトやパートを多用でき、コストを抑えられることである。原体の生鮮品を仕入れての調理となるとシェフや料理人を必要とするが、既に加工・調理されたものを仕入れて最終的な切り盛りをするだけであれば、賃金の安いアルバイトやパートに任せられるのである。

　ちなみに、加工品を求める業務用需要が増えたことが、前節で見た加工品または加工向け原料を中心にした輸入の増加を可能にし、さらに食品流通における加工品比率（または加工向け原料比率）を大幅に高めた。例えば2015年における野菜の国内総流通量に占める輸入加工品と国産加工品の合計比率を推計すると、おおよそ30％で、果実は45％であった(注11)。また、水産物は輸入加工品と加工原料用の輸入品の合計で国内総流通量の50％を超えた。加工品や加工仕向け品の比率の上昇は、卸売市場が生鮮品の取り扱いに特化している限り、市場経由率の低下に結果することは言うまでもない。

---

（注11）全国流通量に占める加工品の比率の上昇等に関する詳細は、市場流通ビジョンを考える会監修『市場流通2025年ビジョン』（筑波書房・2011年）p.41〜44を参照されたい。

# 第3章

# 卸売市場法と業務規程の改正

## (1) 卸売市場の2018年改正の契機

　卸売市場法は1971年に中央卸売市場法に代わって制定された。両法の大きな違いは、①中央卸売市場法が中央卸売市場だけを対象としたのに対し、卸売市場法はすべての卸売市場を対象としたこと、②卸売市場法は全国の卸売市場整備の計画立案と実行を農林水産大臣に義務づけたこと、である。すなわち、卸売市場法は市場流通の全国的な整備・発展を目的に制定されたと言える。

　制定後の改正について調べると、卸売市場法は食品流通構造改善促進法の制定（2001年）等に伴う「ついで」の改正も含め、これまでに少なくとも10回以上の改正が行われている。しかし、本格的な改正となると1999年、2004年、そして2018年の３回である。

　1999年の改正では、市場取引委員会の設置や卸売業者による卸売予定数量等の公表、あるいは開設者の地位の承継等が新たに定められた。が、最も注目されたのは「競り取引原則」の撤廃であった。これは卸売業者の販売方法を競りまたは入札に限るとしていた従来の規定を改め、相対取引も可とするものであった。ただし、この改定はスーパーマーケット・チェーンの台頭によって既に現場で相対取引比率が上昇していたことへの対応という意味合いが強かった。

　2004年はさらに多様な改正が行われた。商物一致規制の緩和、第三者販売・直荷引きの弾力化、中央卸売市場から地方卸売市場への転換

の容認、等々であるが、ここで注目されたのは買付集荷の自由化と委託手数料の弾力化であった。買付集荷の自由化は「委託取引原則」の撤廃を意味するが、多くの卸売市場が品揃えを確保するために拠点的な卸売市場や産地等から買付集荷を行わざるを得ない現実があった。また、委託手数料の弾力化は「委託手数料率の公による上限設定」を止めることにほかならず、その正否に関する問題はあったものの、一方で卸売業者等の低収益率を改善する方策が必要とされていたことも事実であった。

　いずれにしても、両年の改正は現場と法との乖離を解消しようとする側面が強かった。ところが、2018年の改正は現場と法とのズレに基づくものではなかった。政府の諮問機関である未来投資会議と規制改革推進会議が行った2016年10月・11月の共同提言を切っ掛けに突然始まった。この提言において両会議は何らの根拠も示すことなく、「卸売市場は食料不足時代の代物にすぎず、卸売市場法に基づく時代遅れの規制は廃止すべきだ」と強く主張した。しかも、この提言を受ける形で同年11月に閣議決定された農業競争力強化プログラムの中で「農業者・団体から実需者・消費者に農産物を直接販売するルートの拡大を推進する」「卸売市場法を抜本的に見直」すと明記され、さらに翌2017年に成立した農業競争力強化支援法の第13条において「国は、農産物流通等の合理化を実現するため、農業者又は農業団体による農産物の消費者への直接の販売を促進するための措置を講ずるものとする」とまでうたわれた。これは政府が〝市場流通＝非合理〟と明言したに等しい。

　未来投資会議と規制改革推進会議が卸売市場と食料不足時代を結びつけたことや、政府が農業者・団体と実需者・消費者との直接取引を推奨したことから考察するに、2018年の卸売市場法の改正を推進した

人々は卸売市場のことをまったく理解していなかったと言わざるを得ない。なぜならば、直接取引が卸売市場経由取引よりも合理的と言い難いことは第1章で説明したとおりであるし、また卸売市場が最も活躍したのは第2次大戦後の食料不足期ではなく、1950年代後半から80年代前半にかけての高度経済成長期だったからである。そのことは同経済成長期の市場経由量・市場経由率が青果物、水産物、花きのいずれにあっても増加・上昇傾向で、しかも70～80年代に市場経由率は90％近くにまで達したこと等から自明であろう。

　かくして、2018年の改正は1999年や2004年の改正とは違って、卸売市場に対する規制改革推進会議等の「政策立案者」の無理解・誤解から始まったと言える。こうした事態になったのは卸売市場の公共性・公益性や社会的機能・役割を卸売市場関係者がこれまでほとんどPRしてこなかったことが一因と思われるが、それはともかくとしても、無理解・誤解に基づいていたことによって18年の改正は〝抜本的〟なものにならざるを得なかった。

## (2) 卸売市場法の主な改正内容

　2018年の卸売市場法の改正は前節で述べたような契機で始まったために、確かに抜本的な見直しであった。実際、「法文内容の変化を見る限り、改正法ではなく新法だ」と関係者に言わしめるほど大幅に変わった。それゆえ、ここでは従来との違いに注目しながら主な改正内容を4点ほどにまとめて指摘しよう。

　最初の1つ目は、1971年制定の卸売市場法（以下、71年法）では市場流通の全国的な整備・発展に国が責任を持つとされたのに対し、2018年改正の卸売市場法（以下、18年改正法）では市場流通の将来方向に国が関与する必要がなくなったことである。

　71年法では法の目的を記した第１条において「卸売市場の整備を計画的に促進する」とされ、さらに第４条において「生鮮食料品等の需要及び供給に関する長期見通しに即した卸売市場の適正な配置の目標」を定めるとした。すなわち、卸売市場流通全体の将来方向の明示を、国が行うとしていたのである。それゆえ、国は農林水産大臣の責任で卸売市場整備基本方針と中央卸売市場整備計画を５年ごとに策定し、都道府県も都道府県卸売市場整備計画を策定してきたのである。

　しかし、18年改正法の第１条では「卸売市場（は）…生鮮食料品等の公正な取引の場として重要な役割を果たしている」と、卸売市場の重要性を明記してはいるものの、卸売市場の今後の整備計画や長期的視点に立った適正配置等については、何ら触れられていない。それだけではなく、卸売市場整備基本方針や中央卸売市場整備計画、都道府県卸売市場整備計画について述べていた71年法の第４条〜６条も、18年改正法では削除された。要するに、18年改正法下では国は市場流通の将来方向を示す責任がなくなったのである。

　２つ目の注目点は、18年改正法では中央卸売市場の「開設区域」を廃止し、「開設者」に地方公共団体以外もなれるとしたことである。

　71年法では第７条で「農林水産大臣は…一体として生鮮食料品等の流通の円滑化を図る必要があると認められる一定の区域を、中央卸売市場開設区域として指定する」とされ、第８条で「地方公共団体は、農林水産大臣の認可を受けて、開設区域において中央卸売市場を開設することができる」とされていた。すなわち、中央卸売市場の開設は農林水産大臣が指定する開設区域内に限られ、開設者は当該開設区域を有する地方公共団体に限られていたのである。

　これに対し、18年改正法は上記の第７条と第８条を削除し、新たに第２条で「『開設者』とは、卸売市場を開設する者をいう」と定義した。

すなわち、開設区域を廃止した上に、開設者を地方公共団体とする制約も解除した。開設者に関して、規制改革推進会議等が推奨したように「卸売市場を開設する意欲と能力があれば、設置者の属性を問わない」ことにしたのである。しかも、18年改正法第4条において「卸売市場（は）…農林水産大臣の認定を受けて、中央卸売市場と称する」とされ、認定を受けるのは卸売市場であって、開設者ではないことも明記した。かくして、18年改正法の下では開設者は地方公共団体である必要はなく、民間企業でもなることが可能で、かつ認可の取消等の処分を受けることもなくなった。

　3つ目の注目点は、上述の2点目とも関係するが、18年改正法において開設者の権限が格段に強化されたことである。

　その権限の強化の主な点の一つは、第三者販売等の「その他の取引ルール」の決定権を開設者が持つようになったことである。71年法の下ではすべての取引ルールの決定に何らかの形で国が関与していた（第34条〜47条、第61条〜66条）が、18年改正法の下では国が関与する取引ルールは「共通の取引ルール」に限られ（第4条第5項第5号、第13条第5項第5号）、それ以外の「その他の取引ルール」は各卸売市場の状況に応じて開設者が決めることになった<sup>(注12)</sup>。

　主な点のもうひとつは、仲卸業者だけでなく、卸売業者の許可も開設者が行うようになったことである。71年法第15条に「中央卸売市場

───────────────────────

(注12)「共通の取引ルール」は①公正かつ効率的な売買取引の実行、②差別的取扱の禁止、③業務規程に基づいた卸売の実行、④売買取引の条件の公表、⑤受託拒否の禁止（地方卸売市場の場合は「その他の取引ルール」に入る）、⑥業務規程に基づいた代金決済の実行、⑦売買取引結果等の公表。「その他の取引ルール」は①商物分離、②第三者販売、③直荷引き、④自己買受け、⑤受託拒否（地方卸売市場のみ）、等。

において卸売の業務を行おうとする者は、農林水産大臣の許可を受けなければならない」と記され、第58条に「地方卸売市場において卸売の業務を行おうとする者は、…都道府県知事の許可を受けなければならない」と記されていたが、18年改正法では両条文とも削除された。

　これら以外にも、18年改正法第4条第5項第7号および第13条第5項第7号に「開設者が、取引参加者に遵守事項を遵守させるために必要な体制を有すること」と記されるなど、開設者の権限は著しく強化された。

　最後の4つ目は、部類制（青果部、水産部、食肉部、花き部）が廃止されたことである。

　71年法では第15条と33条において中央卸売市場の卸売業者と仲卸業者の許可は「取扱品目の部類ごとに行う」とされ、地方卸売市場の卸売業者についても第58条で「取扱品目の部類ごとに、都道府県知事の許可を受けなければならない」とされるなど、部類という枠（垣根）が重視されていたと言える。これに対し、18年改正法では第2条において卸売業者と仲卸業者を定義してはいるものの、部類制についてはまったく触れていない。それどころか、「部類」という表現を用いた条文は一つとして存在しない。類似の用語として「取扱品目」が使われてはいるが、これには枠の設定という意味合いは感じられない。国は今後、部類の枠を超える取引が増加すると期待しているのではなかろうか。

　以上のように、2018年の卸売市場法の改正は国が市場流通に関与する度合いを低下させ、多くの規制を緩和した一方、開設者の権限を強め、かつ中央卸売市場の開設者に民間企業がなることをも可とした。なお、国が関与を弱め、逆に開設者が権限を強めたことは、これからの市場流通の中で〝優勝劣敗〟が進む可能性を示唆しているように思

われる。

## （3）主な市場の業務規程の改正内容

　卸売市場法が改正されると当然、それに伴って各卸売市場の業務規程（中央卸売市場等の公設卸売市場の場合は「業務条例」となるのが普通）も改正された。ただし、従来は業務規程の改正にあたって農林水産省から各卸売市場に同じ内容の見本が示されていたが、2018年改正卸売市場法の下では見本は提示されなかった。それどころか、農林水産省は各卸売市場の特性に合わせて業務規程も互いに異なるのが当然との考えに立っていた。

　このため、各中央卸売市場の業務規程（業務条例）の改正は、委託手数料率が自由化された2004年時とは違い、拠点卸売市場に横並びとはならなかった。この理由として「取引方法はその市場の根幹」という意識が強く働いたことが挙げられよう。なかでも当初注目されたのは、「卸売業者の第三者販売」「仲卸業者の直荷引き」「商物分離取引」を緩和するか否かであった。特に第三者販売の緩和については、関西地区を中心に仲卸業者が強く反対していた。しかし結果としては、それらを引続き「原則禁止」としたのは、札幌市、青森市、八戸市、仙台市（ただし例外拡大）、福井市、京都市、奈良県、宮崎市等に限られた。「第三者販売の原則禁止」の継続の良し悪しはともかくとして、関西の中心である大阪市中央卸売市場が京都市中央卸売市場や奈良県中央卸売市場と違って規制緩和したことは、意外だった。

　そうした中、東京都、札幌市、横浜市各中央卸売市場の違いが注目される。

　まず東京都中央卸売市場では、改正法の趣旨を「ほぼそのまま反映した」といってよい。共通7ルール以外に独自に規制している部分は

ほとんどない。同時に他の中央卸売市場では卸・仲卸に「業務許可」
を認めるところを、それぞれが業務を確実に遂行できることを前提に
「施設使用許可」とした。また、卸売市場ごとの「部」（取扱品目）の
概念、卸・仲卸の役員兼務の禁止なども廃止し、将来的にはかなりの
自由度を持った運営が、条例上は可能となった。一方で新条例の運用
にあたっては、各市場に「取引業務運営協議会」を設置。さらにその
中に専門委員会として「取引品目別取引委員会」を設置し、都と市場
関係者の協議や公正な取引の実施などを図るとした。このような協議
の場は大阪市でも設置した。また、他の中央卸売市場でも改正条例に
は盛込んでいなくとも、既存の委員会などで同様に協議するとしたと
ころが多い。

　札幌市中央卸売市場では従前どおり、第三者販売、直荷引き、商物
分離取引は原則禁止とした。しかしそれ以上に注目されるのは1971年
卸売市場法第77条をほぼ引き継ぐかたちで導入された〝罰則の強化〟
だ。特に「卸売業者の許可規定に違反して卸売業務を行った者」「偽り、
不正な手段で卸売業務の許可を受けた者」「純資産基準額を下回った場
合の業務停止命令に従わない者（卸売業者）」「業務規程違反に伴う業
務停止命令に従わない者（卸売業者）」については、「懲役2年以下も
しくは100万円以下又はこれらの併科」の罰則が適用されることになっ
た。同市場では2014年に卸売業者、仲卸業者が関与した不正取引が相
次いで発覚し、信頼性が低下。その防止策を構築するため同年から「コ
ンプライアンス推進会議」を設置し、基本指針や取組項目を策定して
きた。新条例はその流れを受けたものだが、コンプライアンスに違反
した取引を行った個人に対し「懲役」まで設定した市場は初めてとみ
られる。そのほかにも純資産額の虚偽報告をした卸売業者などには50
万円以下の罰金。正しい業務報告をしないなどの仲卸業者には30万円

以下の罰金が科せられることになった。

　横浜市中央卸売市場では報告義務を課したうえで、第三者販売、直荷引き、商物分離取引の規制を緩和した。注目は第三者販売の規制緩和の手法である。「相対取引事業者」を新たに設け、さらに例外条件として従来の「災害時」「他市場への転送」に加え、「卸売業者の自社買受け」を加えた。つまり、自社で買い受けた商品を相対取引事業者へ販売する方法によって、自由に第三者販売ができることになった。出荷者に対しては自社買受けの時点で出荷者から買取ることになり、仕切り（販売価格）が確定する。販売先を決めないまま、希望価格で買い受けることも可能だ。この制度を本格的に活用すれば、委託集荷から「リスクを負った仕入れ・販売」への転換にもなる。ただ、利益確保の可能性と逆ザヤリスクの双方が発生することから、従来以上にしっかりした利益管理体制が必要となろう。

　「水曜休市」を条例でしっかり定めた卸売市場が出てきたことにも注目したい。前出の札幌市、横浜市のほか、宇都宮市などだ。これまで水曜休市はあくまで「臨時休市」の扱いだったが、これらの卸売市場では「条例上の休市」とし、日曜・祝日と同等の位置付けに〝格上げ〟した。年末には例外的に開場し、また祝日のある週は臨時開市とすることが予想されるものの、場内業者は求人の際に「週休2日制」であることを、より強く打出すことができる。人材確保が困難な卸売市場にとって、一歩前進といえよう。

　なお、条例の中には「取引ルール」以外にも、再上場の禁止、受託物品の即日上場義務、自己買受の禁止、委託手数料以外の報酬の収受の禁止、卸売代金の変更の禁止、仲卸の委託販売の禁止、開設区域内での卸・仲卸の小売行為の禁止、卸と仲卸等の役員兼務の禁止、等々の規程がある。が、これらについても「取引ルール」を緩和した卸売

市場では緩和傾向が強く、卸売市場間のバラツキが認められる。

　以上から明らかなように、業務規程は国が考えたように卸売市場間で顕著な違いが出た。今後、この違いは卸売業者、仲卸業者の活動にどう影響するのであろうか。あるいは卸売市場それぞれの発展につながるのであろうか、それとも卸売市場間格差の拡大に帰結するのであろうか。

# 第4章

# 市場機能強化策・Ⅰ：基本機能（強み）の強化

## （1）基本機能（強み）の強化方法

　これまで日本型卸売市場の成立過程とその機能・役割、同市場を取り巻く社会環境の変化（高齢化と法制度の改変）について概説した。ここからは、それらの基礎的情報を踏まえた上で、日本型卸売市場の今後あり方を〝適者生存〟戦略として提案していくことにする。

　〝適者生存〟戦略とは、自らの強みを維持・強化し、さらに時代の要請を含む環境の移り変わりに合わせて自身が変化することを、その要諦とする。それゆえ、ここでも「自らの強みの維持・強化」と「環境の移り変わりに合わせた変化」の両面から追究する。ただし、後者については第5章と第6章に譲り、本章では前者の「自らの強み」の面から、日本型卸売市場の〝適者生存〟戦略の具現化の方法を考究する。

　まずは、「自らの強み」に相当する日本型卸売市場の強みの内容であるが、それは第1章で明らかにした「高公共性・高公益性」であり、それを支える「社会の豊かさに寄与する機能・役割」である。しかも、ここでの「機能・役割」とは、同じ第1章から理解できるように、日本型卸売市場に特有な基本的な機能にほかならない。したがって、「自らの強み」の視点から〝適者生存〟戦略を具体化するには、高公共性・高公益性を前提とした上で、日本型卸売市場の基本機能を強化する方法を検討することが必須と言える。

　日本型卸売市場の社会的機能・役割については既に第1章の（2）から（4）で述べたが、ここで再度整理し、強化すべき基本機能を明確にしておくことにする。

　（2）では日本型卸売市場はオープンな取引システムを通して社会に貢献していること、そして同システムは生産者・出荷者からの荷の受け入れ能力と仕入業者への販売能力とで形成されていることを明らかにした。それゆえ、両能力を高めることができるならば、卸売市場の社会的貢献度をさらに高めることができる。すなわち、両能力の強化は〝適者生存〟戦略の重要な一環をなすと判断しうる。

　（3）では日本型卸売市場の流通コスト縮減能力がマーガレット・ホールの理論以上に高く、その結果、多くの人々がリーズナブルな価格で多種多様な生鮮品を選択できる豊かな生活を享受していることを明らかにした。このことからコスト縮減能力と品揃え能力の強化も〝適者生存〟戦略の一環に位置づけ得ると言える。

　（4）では日本型卸売市場は価値に基づく価格形成能力が極めて高く、人々は価格の違いから価値の違いを理解できることを説明した。この能力は「卸・仲卸」という制度と担当者個々人の不断の努力によるものにほかならない。しかし、一般の人々はそうした担当者の努力を知らないだけでなく、価格形成能力のような日本型卸売市場の重要な能力についてもほとんど理解していない。このことが卸売市場の社会的評価を低下させ、誤解に基づいた2018年の卸売市場法の〝抜本的〟改正に結果したのである。したがって、〝適者生存〟戦略を推進する上で、日本型卸売市場が価格形成能力等を駆使して社会にいかに貢献しているかを世間の多くの人々に知ってもらうための努力も欠かすことができない。

　以上から、本章では①荷の受け入れ能力、②販売能力、③コスト縮

減能力、④品揃え能力、および⑤社会貢献PR、の５点を今後強化すべき基本機能（強み）とし、次節以降においてその方法を具体的に説明していくこととする。

## （2）出荷受け入れ能力の強化

日本において卸売市場が多くの生産者や出荷者から出荷先として支持されているのは、価格形成の適正さ、代金支払いの迅速さと共に、荷の受け入れ能力の高さであることは言をまたない。すなわち、受け入れ能力の高さは日本型卸売市場の基本機能の一つであると同時に、強みの一つである。

この高さは「受託拒否の禁止」という制度に裏打ちされている面もあるが、もちろん、それだけではない。生産者・出荷者との一体感を強めるために、「豊作時に苦しくても出荷を断るな」という卸売業者のトップの心意気と、それに向けた従業員の努力によるところも大きい。

しかし、受託拒否の禁止や卸売市場の公共性を理解はしていても、卸売業者も民間企業であることから利益を軽視するわけにはいかない。そのため、豊作時などに「必要以上に集荷しないように仕向ける」こともある。もちろん自市場への出荷額で上位クラスの産地（大型出荷者）に対してはそんな態度を取ることはできないが、中堅以下の出荷者や生産者には「やんわり」と出荷しないように働きかけることもあるという。

ただし、そのような方法で集荷量を適正水準に保つことができても、価格を維持できるのは一時的にすぎない。近くの卸売市場の集荷量が増えて価格が下がれば、自市場の価格も下がらざるを得ないからである。価格は自分たちの市場だけで決まるわけではないのである。

　また、「適正量」にこだわりすぎて生産者との意思疎通が不十分になると、実需者から追加でオーダーされ、在庫が少ない場合、生産者の協力が得られず右往左往するばかりということにもなりかねない。週末の特売用に納品を増やす場合でさえ、産地から相応な入荷がなく、転送業者に泣きつく卸売業者もいるという。そうなれば、相手にとっては、いくらでも値段を釣り上げることができる「いいカモ」でもある。

　こういったことから、出荷受け入れ能力が高いことは生産者・出荷者にとってだけでなく、卸売業者自らにとっても非常に重要であり、今後その能力をさらに高める努力が必要と言える。高めるための方法の一つは、改めて指摘するまでもないが、販売力の強化である。入荷が増えても、それに応じた販売力がなければ、入荷増は一時的なものに終わるからである。が、販売力の強化については次節で取り上げることにする。

　もうひとつの方法は、生産者・出荷者が出荷しやすい状況を創り出すことである。

　具体的には、近年の生産者の高齢化状況を考慮すると、第1に無選別での受け入れが挙げられよう。よく言われているように、特に高齢生産者の場合、調製・選別作業がたいへんなために、収穫物をできるだけ多く出荷したいにもかかわらず、できないことが多い。そうした問題を解決し、入荷量を増やすために、無選別で受け入れて販売するか、卸売市場内で調製・選別作業を行うか、卸売市場外に設立した会社で同作業を担う必要がある。ただし、周知のように、調製・選別・包装作業は産地市場と言われる卸売市場の多くで既に行われていることから、ここでの提案は無選別での受け入れ、またはかかる作業の実施を、消費地市場でも積極的に取り入れるのはどうかということであ

る。実際、消費地市場でも再選別や再包装が行われていることを考えると、決してできないことではなかろう。しかも、消費地市場は実需者に近く、そのニーズに合わせた選別・包装なども容易であるため、販売力の強化につなげることも可能であろう。

　第2の具体策としては、主に大産地への対応になると思うが、大型コンテナ出荷の受け入れが挙げられよう。タマネギやキャベツ等の加工向け出荷に大型コンテナが使われていることはよく知られているが、それを市場出荷にも利用できれば、価格が上昇しなくても生産者は出荷コストの引き下げで手取りの増加が可能になろう。となれば、生産者・出荷者がそうした受け入れの可能な卸売市場を選ぶのは当然のことである。もちろん、大型コンテナ出荷を受け入れるためには解決しなければならない課題もあろう。しかし、「できない理由」を並べるばかりでは、生産者・出荷者が出荷しやすい状況を創り出すことなど夢の夢である。

　これら以外にも、例えば巡回集荷の実施、収穫のサポート、トラックの帰り荷の確保、等々の方法があろう。要は、生産者・出荷者やトラック運転手、さらには卸売業者従業員の利益が増えるような仕組みを創り出すことである。

### (3) 全量販売能力の強化

　物不足、品薄の時には、誰が販売しても売り切るのにさほど難しいことはない。しかし、物余り、過剰の時の完売は極めて難しい。特に生野菜のような生鮮品の場合、日がたてば価値が下がるし、わずか数日で商品とは言えなくなるものもある。それゆえ、生産者直売所や契約取引で販売しようとする限り、売れ残り・廃棄を覚悟しなければならない。が、こうした生鮮品を過剰時でも日々完売しているのが日本

の卸売市場である。しかも、それを当たり前の機能（基本機能）の一つとして行っている。

　卸売市場では「なやみ（豊作による物余り）」の時、販売担当者（競り人等）は荷の到着前から、産地からの出荷情報を基に販売に奔走する。知り合いの小売業者に販売方法を提案するなどして、急遽特売を仕掛けてもらえるように頼み込んだり、仲卸業者に取引先への売り込みを依頼することも多い。いずれにしても、日頃から取引のある小売業者や中食業者等への提案、さらには他市場への転送など、あらゆる手を尽くして全量を販売できるように務める。

　もちろん、「なやみ」の時の完売が可能なのは、「もがき（品薄）」の時にも努力しているからにほかならない。卸売業者の担当者は買い手に荷を渡せるようにと、産地と密に連絡して少しでも多くの荷を集めるように努めるし、仲卸業者の担当者も取引先への荷を確保するために、深夜から出勤して卸売業者の荷受担当者と交渉することもある。この時に取引先に納得してもらえるようにしておくことが、「なやみ」の時に活きるのである。

　こうした担当者の努力があることを決して忘れてはならないが、全量販売が日本型卸売市場の基本機能と言われるにはもう一つの理由がある。それは買い手である仕入業者の数と共に、その業種の多様性である。八百屋、魚屋、花屋などと呼ばれる小規模小売店から、スーパー、ディスカウントストア、デパートなどの大型小売店まで、さらには外食、中食、給食、加工といった多種類の業務用需要者、等々が仕入業者として存在する。これによって各買い手の特性に応じて少量販売ができれば、大量一括販売もできるし、同一の品目・品種であっても大衆品から超高級品までの様々な等階級品の販売が可能になる。また、こうした多様な仕入業者が存在しているからこそ、担当者の努力のし

がいもあると言える。

　ところが、近年、全量販売にかかわる問題が起きつつある。それは八百屋などの小規模小売店の減少が著しいことである。この種の小売店は対面販売が多いことから、日々の需給や価格の変化を顧客である消費者に伝えやすく、出荷量が少なく価格が高い品目の代わりに多くて安い品目を消費者に勧めるなど、需給を調整する能力が高い。すなわち、卸売市場の需給調整機能はこうした小売店等の需給調整機能を総合する形で成り立っている側面が強い。それゆえ、小規模小売店が減少するということは卸売市場の需給調整機能を脆弱化し、全量販売を難しくすることにもなりかねない。

　しかも、社会の高齢化につれて増えているのが外食、中食、給食といった業務用需要である。これらの中で特に外食と給食は何ヶ月も前にメニューが決まるため、日々の価格の変動に応じて食材の仕入れ量を変えるような柔軟性に乏しい。つまり、需給調整機能が弱いのである。

　したがって、卸売市場は今後も全量販売を引き続き行うためには、需給調整機能の強化、特に「なやみ」時の販売力の強化に努めることが肝要と言える。そのための基本的方法はできるだけ多様な買い手を集めることである。特に、「品薄の高い物を買い控え、過剰の安い物を積極的に購入する」買い手を増やすことである。そうした買い手とは実は消費者にほかならない。それゆえ、消費者の需要を取り込むために卸売市場外に小売店舗や中食店舗等を構えるのも一つの方法であるが、卸売市場内に消費者への直売施設を設けたり、消費者を対象とする競り場を設ける等の方法もあろう。しかも、改正卸売市場法の下では、こうした方法の採用は比較的容易である。

　なお、消費者への販売は卸売業者や仲卸業者が自ら行うことも可能

であるが、できるならば小規模小売業者との協力の下に進め、彼らの衰退を早めないようにする工夫も必要であろう。

## （4）コスト縮減能力の強化

第1章の（3）で触れたように、卸売市場は生産者と小売業者の間に介在して取引総数を極小化することで流通コストを縮減している。さらに、「地方公共団体が開設する公設市場では、市場用地や多くの施設が公の所有であるため、安価な施設使用料で市場業務を営むことができる」「大都市圏であっても卸売市場は実需者が多く集まる市街地や近接地に立地していることが多く、郊外立地に比べ搬出などにかかる輸送コストが抑制できる」等々と、卸売市場のコスト縮減能力は高い。これこそが卸売市場をして「生鮮品流通の核」として活躍することを可能にしてきたものと言える。

しかし、近年、事業環境は急速に変化している。「国内産地の生産減と輸入品の伸び悩み等からコストメリットが打ち出せる輸送単位が思うようにまとめられなくなりつつある」「市場施設の老朽化や機能不足で建て替えが行われた卸売市場では、施設使用料の値上げが相次いでいる」「道路交通網のさらなる整備が進んだことで市街地や近接地での立地の有利性が薄れつつある」等々。すなわち、あらゆる方面で群を抜いていた、コスト面の絶対的優位が失われつつあると言える。

したがって、今後も、卸売市場が生産者からも実需者からも頼りにされ、選ばれる存在であり続けるためには、コストに関する絶対的優位性をしっかりと取り戻す必要がある。そのためには、当然、コスト縮減能力を強化する努力が求められる。

例えば輸送単位を大型化し、単位重量あたり輸送コストを縮減するために、複数の卸売業者が連携した形での共同輸送の推進が挙げられ

る。卸売業者が利用している、産地と卸売市場とを結ぶトラック便（いわゆる市場便）の旗振り役を運送会社が担う現状では、なかなか資本関係にない業者間の共同輸送の連携は成立しにくい。しかし、業者側が合併を進めることによって1社あたりの集荷能力を向上させるか、目当ての産地の特定産品だけではなく、そのほかの産品を発掘して既存の産品とうまく抱き合わせて集荷することができれば、輸送単位を大きくすることは可能であろう。

　仲卸業者の共同運送はコスト縮減への寄与度が高く、主要都市の水産卸売市場などではすでに活用しているところが多い。ただし、実需者が少ない地域では、採算が合わないために配送ルートが存在しない。これを従来の発想からの転換によって解決できれば、一層のコスト縮減につながり得る。これまでは既存の顧客先をパズルのごとく組み合わせて採算ベースに乗るルートを見出してきたが、今後は市場の外部に営業に出ることで、ルート上の実需者を発掘していくような、攻めの取り組みも考えるのである。ちなみに、現在、市場側が十分に対応できていないため、納め屋と呼ばれる第三者がこの穴を埋めている。

　輸送面のコスト縮減に関しては上記以外に、出荷時における大型コンテナの利用やトラックの帰り荷確保のための情報システムの構築等も考えられる。こうした方法は卸売業者や仲卸業者の収益増加に直接結びつくものではないが、入荷量の維持・増加に有益であることは間違いなかろう。

　市場使用料の負担を抑える点については、卸売市場法の改正で容易に行えるようになった市場用地のうちの遊休地の有効活用や、ピーク時間帯外の施設稼働率を高める方策を具体化し、それによる付加収入の増加によって場内業者の負担軽減の可能性を探るべきであろう。そうした方策としては、既にいくつかの卸売市場で行われている料理教

室や生け花教室等も有効であるし、卸売市場の「生鮮・美味・安価」のイメージを考えればフードコートも繁盛すること間違いないであろうし、一般の人々を対象に直売所や競り販売を行うことも可能であろう。

　道路交通網の発達にしても、確かに市場外流通の脅威が増す面もあるが、逆に自らの卸売市場の商圏を広げられる好機でもあり、その延長線上には規模の拡大によるコスト削減を見据えることもできる。近年、人件費や諸経費の見直しといったコスト削減策は限界近くまで行われており、働き方改革への対応を進める中で反転・上昇することを覚悟せねばならない状況にあることを考慮すると、今後は無駄を削る視点以上に、日々の取引の中で売り上げ増大させることで相対的にコストを下げるといった、規模化によるコスト低減の視点を現場においても養う必要があろう。

　ちなみに、最近は経営者が安易に利益確保の号令を下すことで、リスクの高い集荷・買い付けには手を出さないという判断を各自で下すケースが増え、これらが積み重なって市場取引の委縮を招いているようにみえる。悪循環を打破するためには、市場が本来持っていたコスト縮減力を正しく理解し再補強していかねばならない。

### (5) 品揃え能力の維持・強化

　オープンな取引システム等に支えられている生鮮品の多種多様な品揃えは、日本型卸売市場が他の流通システムとの比較で優位性を確保する上での重要な基本機能の一つだ。消費者と生産者の直接取引や量販店の産直では、とうてい日本型卸売市場ほどの品揃えを実現することはできない。「ロングテール」という言葉で多様な品揃えを強調するネット販売であっても、卸売市場仕入れを行わない限り、生鮮品で

日本型卸売市場のような品揃えは不可能である。

　しかし、その豊富な品揃えは卸売市場を普段利用するさまざまな買出人からの幅広なニーズと、市場出荷を支える多くの生産者が背後に控えていなければ成り立たない。自然淘汰や市場離れにより、食品流通の川上側と川下側に当たる卸売市場の利用者数が漸減をしていけば、それと比例した品揃えの劣化は避けようがない。実際、そうしたことが既に起きている現場もある。

　この流れを食い止め、さらに反転攻勢をかけるために、卸売業者にあっては産地開拓による集荷力の強化がまずは基本になるだろう。既に交通網の急速な発達や新たな特産品の登場で有望な産地が次々に登場してくる時代は過ぎたし、さまざまな販売チャネルが存在する中で卸売市場を第一の選択肢にみてくれる保証もない。しかし、それを踏まえても卸売業者が取れる、産地開拓のためのアプローチ手法は無限にあるように思われる。

　手始めに着手できるのは、関係の深い産地の深掘りだ。現在の卸売業者は全体的な傾向として、その取り組みができている業者が少ない。携帯電話だけでなく交流サイト（SNS）などの通信手段が当たり前になり、大消費地にいながら容易に産地と連絡が取れる環境が整ってしまったことで、現地へ足を運ぶ努力を怠っている営業担当者が増えている。日々の注文に見合った量を必要な数だけ荷引きするのでは将来への広がりがない。

　産地には、「求められないから」と市場に出されずにいる産品は意外と眠っている。現地を訪れて自分の目で確かめなければ見えてこない。市場周辺の産地との連携は強化される方向にはあるものの、たとえ遠方でも足で稼ぐことがデジタル時代の今だからこそ大事だ。

　鮮度保持の新技術についても目を光らせておく必要がある。卸売市

場が得意としてきた品質劣化の早い生鮮品の鮮度を保つための技術は日々、進歩を続けている。さまざまなアプローチによる冷凍品が誕生し、生鮮品と比べれば「永遠の二番手」というひと昔前の認識は通用しなくなっている。特に鮮度への感度が高いとされる水産物では、活魚の輸送手段もさまざまに進化し、鮮魚でも新たなタイプの氷や殺菌水の活用が試みられている。距離や時間の関係から集荷を諦めていた産品でさえ、十分に守備範囲となる可能性がある。

　一方、仲卸業者の役割も重要だ。既存顧客の新たな需要を喚起し、業務用需要者等の新規顧客を獲得できれば、それに伴う新たな集荷が必要となり、市場全体としての品揃えの多様化につながる。

　消費者と向き合っている小売業や外食・中食産業等の現場では昨今、生鮮品に関する商品知識や取り扱いに必要な技術レベルの低下が著しい。代わりに長年の経験で豊富な知識を有している仲卸業者が積極的に提案型営業を展開してこれをフォローし、既存顧客に対するプラスワンの提案や新規顧客を取り込む努力を各自がそれぞれ積み上げていくことが大事だ。

　卸売業者・仲卸業者の双方にいえることだが、情報通信技術（ICT）を活用した課題解決や新たなニーズの発掘の方向性を探ることも忘れてはならない。ただし、ICTは長足の進歩を遂げているとはいえ、一つひとつは玉石混交。軽率に導入すると、現場になじまないことも多い。まずは生鮮品以外の商品取引で効果が実証をされているものから、流用・転用の可能性を考えていくのが無難だろう。ICTの進歩については、普段からしっかり関連情報にアンテナを張っておき、導入のチャンスを逃すことのないようにしたい。

　さらに、卸売市場内における加工・配送機能の一層の充実も品揃えの多様化という意味で欠かせない。大掛かりな投資を伴う施設整備が

迅速にできればよいが、今の社会環境では困難が伴う。公設市場であれば予算の議会承認にも時間がかかるし、施設建設に着手をする頃には、社会からのニーズがピークアウトしてしまうといったことだって起きる。

　加工機能の強化とはいっても、決して高度なものは必要ない。青果物ならパッキングやカット業務、水産物ならフィレー（三枚おろし）処理だけでも、十分にニーズを掘り起こすことが可能だ。配送機能の充実も、自社配送網の構築などの大掛かりの仕掛けでなくとも、場内業者に既存機能があれば連携により活用すればよい。市場外と組む可能性も排除をしてはならない。

　近年、経営成績が不振となる中で、事業領域を侵されることを恐れるあまり、卸売市場をクローズな取引システムの方向に導こうという動きが少なからずある。しかし、取引相手の選別を進めれば進めるほど、卸売市場の強みである品揃えの多様性は奪われる。市場の特徴である〝オープンな取引システム〟への原点回帰に加えて、加工・配送機能の充実で商品やサービスの拡張を進めることができれば、自ずと品揃えの多様化が導かれていくだろう。

## (6) 社会貢献のPRの強化

　誕生から約100年が経過した卸売市場は、基本的には一般消費者が足を踏み入れることができない場所と認識されている時間が長かった。食品流通のプロたちにとっては欠かせぬ場所でありながら、国民の日常からは隔たりがあったほか、食品流通の安定供給を果たすという〝黒子〟的な存在であり続けたために、常にその実力を過小評価されてきた。日本型卸売市場と似た仕組みが、小売業などの先進国である欧米諸国になかったことも拍車を掛けた。

　そのためスーパーマーケット文化が日本に流入して以降、日本で独自発展を遂げた卸売市場制度には何度も疑問が投げかけられてきた。古くは1962年当時に東京大学教養学部助教授だった林周二氏が著した『流通革命』（中央公論社）から出た「問屋無用論」であったり、近年では2016年に政府の規制改革推進会議と未来投資会議の合同会議が卸売市場法を名指しして行った「時代遅れの規制は廃止」提言であったりした。しかし、度重なる逆風のたび、最終的には卸売市場が食品流通の核であると再認識され、今日まで来たところだ。

　こうした事態を何度も繰り返してきた最大の要因には、卸売市場の存在と果たしてきた役割に対する一般消費者の認知度の低さがある。いわゆる〝中抜き〟の言葉に代表される卸売市場不要論は取っつきやすく、卸売市場制度になじみのない人々を（時には詳しい内部の関係者さえ）惑わす魔力があった。卸売市場が果たす流通コスト縮減や品揃えの容易化などの役割に対して十分な理解が行き届いてさえいれば、一笑に付されたに違いない。

　卸売市場関係者は今後、かつてのように制度批判の嵐が起きた時にただ過ぎ去るまで耐えるのではなく、自身の役割を積極的に市場の内外にPRすることに努める必要があろう。

　最近の卸売市場では市場まつりや市場開放などが定着し、市場見学や料理教室といった食育の場として活用されることが増えた。一般消費者との敷居は以前と比べものにならないほど低くなっている。そのうえ、マスメディアが独占していた情報発信の手段が、交流サイト（SNS）という手段の爆発的な普及によって自由に行えるようになった。アピールする手段はあらゆるところに転がっている。宣伝が下手だからと言い訳して、逃げていてはいけない。まずは卸売市場関係者自身が自らの役割を正しく理解し、分かりやすい形にして丁寧に発信して

いけば、繰り返される制度批判に悩まされずとも済む時が来よう。

　事業者レベルでの取り組み事例はすでに枚挙にいとまがないが、東京・豊洲市場のすべての場内事業者で組織される一般社団法人豊洲市場協会が2019年11月から始めた、新たな市場の広報戦略事業に注目したい。毎日の生鮮食品に関する情報のSNS発信から着手したものの、将来はネットメディアとの連携やポータルサイトの開設も視野に入れた取り組みだ。市場全体の発信について民間業者が主導し、開設者である都が後方支援に徹していることを思えば、従来にみられなかった新たなチャレンジといえるのではないだろうか。

　一方、既存の役割をただ繰り返し発信するに留まっていては、いずれ誰も耳を傾けてくれなくなる。国連が定めた17の「持続可能な開発目標（SDGs）」へと収れんされるような社会貢献に沿った活動に、能動的に寄与していく姿勢も必要となるだろう。例えば目標2の「飢えをなくし、だれもが栄養のある食料を十分に手に入れられるよう、地球の環境を守り続けながら農業を進めよう」では、環境と調和した持続可能な農業を推進する研究・投資に流通業者として深くかかわっていくことなどが考えられるし、目標14の「海の資源を守り、大切に使おう」では、水産資源の持続可能な利用に努める生産者の取り組みに呼応して、その生産物を扱える下地を整えておくなどの事例があるだろう。

　そこまでスケールが大きくなくとも、卸売市場が生き残りのため多様化する一つの変化軸として地域共生が求められる中で、生鮮食料品の安定供給や雇用の創出だけでない、地域社会貢献を導くさまざまな地域活動への関与を深めていくことが、一般消費者に根強い卸売市場への偏見を解消させ、ひいては市場機能の強化につながるのではないだろうか。

# 第5章

# 市場機能強化策・Ⅱ：高齢化への対応力の強化

## （1）社会の高齢化への対応方法

　前章では〝適者生存〟戦略の二本柱の一方である「自らの強みの維持・強化」、すなわち日本型卸売市場の基本機能の強化方法を5点にわたって提案した。それゆえ、本章ではもう一方の「環境の移り変わり」への対応方法について述べることにする。ただし、「環境の移り変わり」には大きく分けて2種類のものがある。一つは人間社会が総体として生み出す環境の変化であり、もうひとつは政府等が行う人為的な制度の変化である。本章では両者のうち前者の社会総体が生み出す環境変化への対応方法を取り上げ、後者の制度面の変化に関しては次の第6章で取り上げることとする。

　まずは本節において、第2章で社会の高齢化の視点から明らかにした社会環境の変化について、ごく簡単におさらいしておくことにしたい。次節以降でそうした変化への具体的な対応方法を提案するための準備である。

　第2章の（1）では、1980年代半ば以降、生産者の高齢化と生産者数の減少によって国内生産力が低下し、その結果、出荷団体等が拠点卸売市場に出荷を集中する戦略に転換したことを明らかにした。このことは中小の地方都市市場や拠点市場周辺の衛星市場の取扱高が大幅に減少し、危機的状況に陥ったところも少なくないことを示唆している。

　（2）では、国内生産力の低下と1985年に始まった円高を切っ掛けに輸入が急増したこと、しかも加工品または加工用原料が輸入量の多くを占めたことを明らかにした。これによって青果物や水産物等の市場経由率の顕著な低下が起きたことを考慮すると、国内生産力の低下は卸売市場にとっても大きな問題であることを意味している。

　最後の（3）では、社会全般の高齢化によって〝食の外部化〟が進み、中食・外食業者や給食業者等による業務用需要が増加したこと、その業務用需要が主に加工品に向かったことを明らかにした。したがって、今後の卸売市場にとって業務用需要にどのように対応するかは重要な課題と言える。

　かくして、本章の次節以降では、まずは①出荷の集中化への対応方法、②国内生産力の維持・向上のための支援方法、③業務需要への対応方法について提案する。その上で、④高齢化による健康・安全志向の強まりへの対応方法、および⑤取引先の大型化への対応や安全規格認証の取得に向けた組織力の強化についても言及する。

## （2）出荷の集中傾向への対応

　1980年代に生産者の高齢化による国内生産力の低下が始まったのを契機に、青果物の主要出荷団体である農協は販売戦略を大きく変えた。従来は〝一元集荷・多元販売〟のモットーの下、分散出荷を行っていたが、80年代中頃から真逆の拠点市場への集中出荷を推進し始めた。その後90年代に入ると、水産物や花きでも同じように拠点市場への集中出荷が始まった。しかも、21世紀になってからは物流手段のひっ迫も加わって、大都市拠点市場への集中出荷はますます強まる傾向にある。

　農協のような出荷団体は組合員の収入を可能な限り増やすべく有利

販売を実現する責務がある。その観点に立てば、「特定の拠点市場に
これ以上出荷を集中させてしまって、値崩れを起こしたり、競合産地
の販売を優先されたりするなどのリスクはないのか」「もっと県内市場
への出荷も増やすべきでは」という懸念があっても何ら不思議ではな
い。しかし、実際問題として「拠点市場への集中を上回るような、有
利販売やリスクヘッジの方策」を考案できる人がいるであろうか。出
荷担当者も価格下落等の責任を問い詰められないようにするためには、
たとえ失敗しても誰もが納得せざるを得ない大都市拠点市場への集中
出荷を行わざるを得ないのである。それゆえ、特定の卸売市場に出荷
が集中する傾向は、今後も強まることはあっても弱まることはないで
あろう。

　そうなると、その割を食うのは、中小の地方都市市場、あるいは拠
点市場の周辺に位置する衛星市場だ。これらの卸売市場の多くは、拠
点市場への出荷の集中に対応するため、既にそうした拠点市場からの
転送受けを行っている。「大型JAから無理して直接集荷するより合理
的」との声もあるものの、転送受けは利益率の低い買付集荷となるの
が一般的である。買付集荷の売上高に対する平均利益率は4.10％と、
委託集荷8.05％の半分にとどまる<sup>(注13)</sup>。その上、拠点市場からの横持
ち運賃は転送を受ける卸売市場が負担しなければならない。それゆえ、
転送受けは仕入業者を逃さないための品揃えに必要とはいえ、その増
加は当該卸売市場の疲弊につながる。

　また、たとえ大産地や有名産地からの直接集荷を維持したとしても、
数量が少ない等のゆえに、拠点市場の値決めに左右されることが多い。

---

（注13）買付集荷の平均収益率4.10％と委託荷の8.05％は、2018年度・全国中
　　　　央市場青果卸売協会調査による。

　すなわち、拠点市場よりも市況が安ければ産地対策費が必要になるし、高ければ値引き販売等の対応が求められる。いずれにしても、直接集荷だからといって十分な利益が出るわけではない。

　こうした状況を打破する方法の一つとして、出荷者の掘り起こしがある。例えば「既存の出荷団体に不満で、自主的なグループを作ろうという若手農家はいないか」「出荷先の拠点市場の卸売業者が合併した結果、そこでの自分たちの位置付けが相対的に下がること（合併前は３位→合併により６位など）を危惧する出荷団体はないか」「親の跡を継ぐにあたり、新しい販路を求める若手農家はいないか」、さらに「新規参入農家はいないか」等々。これらの出荷者が自市場に出荷してくれるように勧誘するのである。

　しかし、こうした掘り起こしが成功したとしても、大産地や有名産地の荷を代替するには限界があろう。仕入業者に満足してもらえるような品揃えをするためには、大産地等からも荷を引く必要があろう。が、非拠点市場が単独で拠点市場と同じような条件で荷を引くことはできない。複数の卸売市場または複数の卸売業者が統合・合併して、拠点市場と似た規模で荷を引けるようにすること、すなわち大産地等にとって軽視できない卸売市場になることが重要であろう。その場合、持株会社（ホールディングス）方式での統合であれば、各卸売市場は従来どおりの営業ができるだけでなく、ICTを活用することで卸売市場間の数量調節もでき、さらに中核卸売市場で荷を受けた後に各市場へ配送する際の横持ち運賃も全市場で分割することができる等のメリットを享受することも可能である。ちなみに、各卸売市場の地元の青果物等を横持ち用トラックで中核卸売市場に集め、そこから大産地等から来たトラックの帰り荷として他の卸売市場へ転送できれば、取扱高をさらに増やすことも可能になろう。

　卸売市場どうしの統合・合併が困難な場合には、商社やスーパーマーケット・チェーン等との資本提携を含む何らかの連携を進める方法もあろう。その結果、商社等の販売先または系列下のスーパー、コンビニ等の小売店舗や外食・中食業者等を新たな顧客とし、販売力を伸ばすことができれば、それだけ集荷力が増し、大産地からの集荷力の強化につなげられよう。

　いずれにしても、特定の拠点市場へ荷が集中する傾向が強まる中、非拠点市場も他の卸売市場や市場外の資本と連携することで集荷力を高める努力がますます重要になっている。なお、触れはしなかったが、非拠点市場が存続する上で、統合等によって拠点市場の傘下に入るのも一つの方法であることは言うまでもない。

## （3）国内生産力の維持・向上のための支援

　第2章（2）で述べたように、生産者の高齢化による「国産品生産量＝出荷量の減少」を補填したのが輸入の増加であった。輸入品が国産品と同程度の比率で卸売市場に出荷されるのであれば、卸売市場は国産品と輸入品を区別する必要はないかも知れない。しかし、青果物の事例で見たように、国産品の市場経由率がほぼ80％であるのに対し、輸入品は7％ないし9％である<sup>（注14）</sup>。これでは輸入品が増えればふえるほど卸売市場の存在価値はますます低下することになってしまう。

---

（注14）農林水産省「卸売市場データ集」によれば2016年度の青果物全体の市場経由率は56.7％で、国産青果物だけの市場経由率は79.5％であった。これに対し、「第2章　社会の高齢化としての環境の変化　（2）輸入の増大と加工品の高比率」で示した試算によれば、輸入青果物の市場経由率は7％ないし9％程度であった。この低さが青果物全体の市場経由率の低下に大きく影響したのである。ちなみに、輸入青果物の市場経由率が低いのは加工品が大半を占めているからである。

　市場経由率の高さを維持することに加えて、食料自給率の向上や消費者の国産品志向の強さ等も合わせ考えるならば、卸売市場は当然、国産品出回り量の増加、すなわち国内生産力の維持・向上を積極的に支援していく必要があろう。しかも、生鮮品流通の川上と川下を見渡せる卸売市場は、産地を支援する上で多くの可能性を有している。

　例えば青果物の場合、卸売市場が収穫物の調製・選別・包装作業を分担し、生産者の収穫後の作業を軽減することで生産量の増加をうながしたり、大型コンテナでの出荷を受け入れることで生産者の「コスト減＝収益増」を図り、生産増加のモチベーションを高めることもできる。あるいは卸売業者または仲卸業者が産地に直接投資して生産に取り組むことで、国内生産力の維持・向上を図ることも可能であろう。

　ただし、前者の調製等の作業やコンテナに関しては第4章の「(2) 出荷受け入れ能力の強化」で述べ、後者については第6章の「(4) 新規事業分野（関連事業分野）への進出」で詳述する予定である。したがって、ここでは国内生産力の維持・向上に向けた、これら以外の支援方法、すなわち卸売市場が後援する「産地の商品力の強化」について述べることにしたい。

　国内産地の生鮮品が昨今、思うような価格で消費地に受け入れられないのは、消費減や供給過多に伴った「モノ余り」が根底にある。「モノ余り」の中で販売を伸ばすには、消費者に選ばれるような生鮮品やそれを原料とした加工品の供給に切り替え得る生産活動を行うことが大事だ。しかし、国内の生鮮品の供給産地、特に中小産地や個人生産者の多くは、消費地のニーズや売れ筋商品の傾向についてマーケット調査に人員を割く余力はないから、ニーズ等をタイムリーに手触り感をもって把握することができない。それでは有利な生産活動を行うことは難しい。そこで、産地と直接つながる卸売市場が代わりに目とな

り耳となって、必要な情報を国内産地へと還元する必要がある。正確な情報伝達には不向きとされる多段階流通だが、発達した多様な情報手段を最大限に活用することで克服していきたい。

　通常の工業製品であれば、買い手の目線から必要なものを生産する「マーケットイン」の発想での商品開発が推奨されるが、天候や災害などに生産が大きく左右される生鮮品は、産地側の都合から逃れることはできず、「マーケットイン」で一次産品の生産を行うにはやはり限界がある。だからといって昔ながらの「生産者がよいと信じるものを生産していれば売れる」の精神論では、新たな消費者に選ばれることなく販売は日々漸減していくばかりだろう。したがって、国内産地にサイズや出荷時期等に関しマーケットの動向をできる限り見据えた生産体制を求める必要があるものの、単に小売や外食・中食等のニーズをダイレクトに伝えるのではなく、産地が対応できる範囲を見極めることが重要になろう。そうして出荷された産品と、消費地の実際のニーズの間に残されたズレは、卸売市場側で埋める努力をしたい。「地野菜」「地魚」といった〝地〟を強調したPR等はもちろん、商品形態の変更や売場・調理提案などを付加した営業提案等も卸売市場側で取り組むことが考えられる。

　いずれにせよ、国内産地と卸売市場が一体となった取り組みが重要だ。どちらを欠いても魅力ある商品にならない。消費者に選ばれる商品づくりを一緒に追求する必要がある。

　さらには、国内産地が展開する機能性表示を含むブランド戦略や認証取得などの差別化の取り組みはもっと積極的に支援したい。従来の卸売業者は、他産地への配慮があって特定の産地を表面上推すことができなかった。また、仲卸業者は市場機能の一つである価格形成機能を建前としているためか、ブランドや認証といった付加価値を額面通

り評価しない傾向が強かった。

　しかし、生産者の思いなどといった商品の裏にあるストーリーを重視する消費者が年々増えている以上、国内の各産地が出荷してきた商品の付加価値が卸売市場を通すと〝漂白〟されてしまうのはいただけない。過剰に重みづけをする必要はないが、産地の成果に一定程度の評価をしなければ産地からの信頼を失いかねない。

　青果でいえば農業生産工程管理（GAP）の取り組みをする農産物、水産でいえば水産エコラベル認証を受けている水産物や、違法・無報告・無規制（IUU）漁業の漁獲物でない履歴管理（トレーサビリティー）が確立した水産物も、今後ますます世間から注目されよう。卸売市場が産地の努力を評価することが、国内産地を支援することにつながる。

### （4）業務用需要への対応

　1980年代半ば以降、社会の高齢化によって国内マーケットが変化する中、その対応において卸売市場は明らかに市場外流通に後れを取った。惣菜などの中食産業、大手外食チェーン、学校給食・産業給食・福祉給食などといった業務用需要に、卸売市場は十分に応えることができなかったのである。安価な規格品を大量に安定供給することを求める、それらのニーズにうまく適合したのは、冷凍品、乾燥品、ジュース等の加工品を中心にした輸入であった（注15）。

　生鮮品流通を最も得意とする卸売市場は、産地側と消費地側の需給

---

（注15）業務用需要は加工品等の安価な食材を求めるものが多いが、もちろん、それだけではない。食味を重視する観点から、マスクメロンやマグロのような高級生鮮食材を求めるものもある。その場合には品質の評価が必要になることなどから、卸売市場からの仕入れが一般的である。

調整には長けている。なかでも供給が不安定で不定貫、品質劣化の著しい生鮮品については、積極的な売り込みを図るなど、日々全量の取引を実現するほど能力が高い。しかし、その一方で、「待っていれば自然と荷が集まり買出人がこれらを求めてやってくる」と受け身姿勢になっていた面も否定できない。そのため、時代が変わって国民のライフスタイルが大きく変貌を遂げ、単身世帯や女性の就業増による家庭内での調理離れや、超高齢化社会による介護食市場の成長で業務用需要が膨れ上がる様相を見せ始めると、これに適応できず、卸売市場の相対的な地位低下を招くことになった。

業務用需要への対応で、今から卸売市場が主流に返り咲くのは容易ではない。業務用需要への補完的な調達先として卸売市場を専門の買出人が活用している流れはすでにあるし、やみくもに海外加工品を集荷しても買い手は集まらない。しかし、拡大するマーケットへの足掛かりを築くことをせず、指をくわえているだけではますます扱いは細る一方だ。

今後にできる現実的な選択は、いまだ卸売市場の強みであり、多くが卸売市場を経由して流通している国産の生鮮品をうまく使い、いかに業務用需要を取り込むかにあるだろう。国産の生鮮品は扱いづらい点があっても、商品力ではアドバンテージがある。業務筋が安価な規格品を求めていようと、サービス上のセールスポイントになる食材も時に必要とされる。そうした小さなニーズを逃さないため、国産の生鮮品の供給力を高めておく必要がある。

供給力向上の具体策として例えば、場内における冷蔵庫施設や、場外の冷蔵庫会社などと連携して、保管・貯蔵機能を強化する取り組みがある。生鮮品が旬を迎えて大量に安く出回る時を見計らって調達し、凍結・上積みしておく。毎日のように荷が集まる卸売市場なら、複数

回に分けて調達することで、大規模事業者とも渡り合える十分な量を確保できるし、そうした事業者の要請に応じて日々の取引量を調整することも可能だ。しかも、水産物や食肉だけでなく、近年は生鮮青果物の長期保管・貯蔵技術の向上も著しい。

　もちろん、保存・貯蔵を行うと同時に加工も行えればなおよい。青果物ならカット品にした後、水産物ならフィレー（三枚おろし）にした後に、保管・貯蔵に回すといった手順を踏んでおけば、慢性的な人手不足に悩んでいる業務筋のニーズを満たすことができるし、コストの削減にも協力できる。

　新たな取引先として有望な業務筋を卸売市場が囲い込めれば、次のステップとして海外加工品と組み合わせた提案をしたり、青果・水産・食肉などの専門分野を超えた総合的な品揃え提案へ踏み込んだりと、発展性をもたせる可能性も広がる。その際には一事業者にとどまらず、卸売市場で一体となった取り組みとして考えれば、やれることも増える。

　方法論的には、卸売市場の日々の入荷を活用するだけが道ではない。卸売業者が関係の深い産地側へ直接出て行き、サイズ・品質に関わらず全量買い付けしてキロ当たりのコストを抑え、海外加工品に匹敵する安価な規格品を生産するといった選択肢だってありうる。卸売市場は幅広なニーズを背後に抱えることから、良品は生鮮品として高鮮度流通させ、それ以外は加工原料用として荷主と連携しながら規格加工品の生産に活用するといったこともできる。現に具体的な取り組みとして、規模の大小はあれ数多く走り始めている。

　また、グローバルな視野で生産される海外加工品は、従来から言われていた食の安全・安心のリスクに加えて、新型コロナウイルス感染症（COVID-19）の世界的な流行（パンデミック）に伴って国際間の

物流機能がマヒするなどした結果、調達上の懸念を内包していることも浮き彫りとなった。さまざまなリスク回避の意識が働き、今後は業務筋も国産生鮮品をこれまで以上に利用する方向へ回帰する可能性が高い。卸売市場はこうした時流の変化もとらえ、業務用需要の取り込みに真剣に向き合うべきだ。

## （5）強まる安全意識への対応

　一般に高齢者ほど健康の維持に留意し、食の安全性に関する意識が高い。それゆえ、社会の高齢化が進めば進むほど、社会全体として〝食の安全〟意識が高まる。また、グローバル化が進み外国との比較が容易になるとともに、社会が豊かになり生活に余裕ができるにつれて当然、健康や安全に対する欲求は強まる。こうした状況の中、食の安全を監視する人的資源の不足、食中毒患者の発生件数が年間2万件前後から下げ止まっていること、東京五輪・パラリンピックや今後の食品の輸出拡大に向けて国際標準との整合性が必要になったこと等への対応を目的に、2020年6月1日に改正食品衛生法が施行され、卸売市場もハサップ（HACCP）による衛生管理が義務化された（猶予期間は1年間）。

　従来は中央卸売市場なら市場内に設置された食品衛生検査所が、それ以外の卸売市場は各地域の保健所が、一般衛生管理に基づく指導を行ってきた。それが今後は指導の際にHACCPの考え方に基づいて市場内の各事業者が事前に作成した「衛生管理計画」が置かれることになる。HACCPは、食品の安全を脅かす危害要因を分析して、重要管理点を定めてコントロールするいわゆる「工程管理（プロセスチェック）方式」であり、従来の食中毒事件が起きてから罰則を科す「結果管理（ファイナルチェック）方式」からの軌道修正を意味している。

　だからといって、事業者側の対応はさほど難しくはない。これまで一般衛生管理として実行してきたことを衛生管理計画に落とし込んで適切に記録する体制を構築し、衛生管理手法に〝客観性〟を持たせられれば、HACCPの考え方に沿った衛生管理を実現できる。しかも、卸売市場を拠点に活動している卸売業者・仲卸業者・小売業者の場合、厚生労働省のウェブサイト上で、青果物、水産物それぞれの業界団体が主導して策定した業界ごとの手引書を見ることができる（市場業者は従業員数や施設の規模に関係なく、簡略化されたアプローチによる衛生管理でよい）。その手引書は各事業者が施設整備や大幅な体制変更を行わずに、現場で今も行われている衛生管理の平均的な水準をクリアできれば、HACCPに無理なく対応できる内容となっている。

　ただし、HACCPを実現できたとしても、食品を扱う市場外の事業者と横並びで同じスタートラインに立ったにすぎないことには留意したい。卸売市場として食品の安全について優位性をPRしていくことは、食品流通全体にHACCPの概念が取り入れられることで今よりも難しくなる。中央卸売市場でいえば、これまでは「衛生検査所の監視機能があるから大丈夫」という主張が成り立っていたものの、今後は市場外との違いを明確化しようとなると、卸売業者や仲卸業者はHACCPにさらに何を上積みするかを考えることが必要になろう。

　その際に活用できるものとして、近年は第三者機関による認証制度がある。例えばHACCPを内包した食品安全マネジメントシステム規格としてISO22000やFSSC22000、あるいはJFS-Cなどがある。実際、豊洲市場の卸売業者である東京シティ青果㈱は既にFSSC22000とJFS-Cの認証を取得しているし、大都魚類㈱はISO22000の認証を有している。

　ただし、こうした認証を取得するとなると、コストがかかるのはも

ちろんであるが、食品衛生法のレベルよりも管理を厳格化することも必要となる。現在の取引先からの要望、将来にかけて進出を計画しているマーケットで必要なニーズなどを踏まえ、取得や運用にかかるコストと体制構築の実現可能性と、そこから期待できる利益を十分に考慮した上で、時期尚早か否かも含めて決断することが重要であろう。

　なお、卸売市場内は共用スペースが多いことから、仮に1社が単独で認証取得のために衛生管理を厳格にしても、なかなか思うような体制構築ができないこともある。その場合は、場内業者が協調して同一認証を取得するか、場合によっては自社の専有施設での取得、もしくは認証を取得済みの外部業者と組んでニーズを満足させることも視野に入れるべきだ。

## （6）個人業主の集まりから企業組織へ

　卸売市場では専門性が重視されることから、仕事が〝属人〟的になりやすい。表現を変えると、卸売業者、仲卸業者と称されている会社は、いわば独立した個人業主の集まりであって、組織としての体をなしていないことが少なくない。出荷者や仕入業者といった取引相手が小規模で、日々の取引量も安定していない時には、個々人がしっかりとした専門性を有している限り問題はなかったと思われるが、取引先相手がチェーン化するなどして大規模化し、さらに価格と数量の両面で安定した取引を強く求めてくるようになると、組織的な対応が不可避となる。また、HACCPを導入したり、ISO22000等の認証を取得しようとする場合も、組織としての対応が必須である。今後、そうした意味で、担当者の専門性を維持・深化させつつも、企業組織としての強化が求められる。

　そのための具体的な方法の一つは、〝業務の見える化〟を実現する

こと等によって、複数の社員が互いに業務を交代できる仕組みを創りあげることである。しかも、これは社員が休暇を取りやすくする効果もあり、定着率の向上にもつながり得る。

〝業務の見える化〟の具体的な方法は、まずは各社員が各自の業務のリストや各業務の手順をエクセル等に整理し、上司や他部門のチェックを経て、社内で公表することである。その際、可能な限り各業務の定型化・標準化を進めることが望まれる。特に受発注業務の定型化・標準化ができれば、同業務を全面的にパート従業員に任せることも可能になろう。また、入荷が少ない時の「分荷基準の標準化」ができれば、担当者が交代しても取引先との交渉を比較的スムーズに進めることができよう。もちろん、業務の定型化・標準化は各自の毎日の仕事をチェックするにも役立つし、業務の引き継ぎや新入社員の指導にも有効である。

〝業務の見える化〟の次の段階は、会社の基幹情報システムと連動させる形でノートパソコンやiPad、スマートフォン等を利用し、テレワーク（リモートワーク）を推進することである。定型化・標準化が行われていれば、パートへの指示や顧客との連絡、受発注内容の確認等々、テレワークが可能な業務も少なくないであろうし、逆にテレワークを行うことで定型化・標準化の改善点を見つけ出すこともできる。しかも、業務担当の交代時に細かな指示を行うことも可能であるし、「働き方改革」として新入社員の募集にも効果があろう。ちなみに、高松市中央卸売市場の卸売業者である高松青果㈱では、見える化、標準化を進めると共にテレワークを実践することで、営業担当社員の退社時間を１時間早め、さらに全社員の有給休暇取得率を大幅に高めた。

企業組織としての強化策のもうひとつは、当然、人材の育成である。ただし、ここでの人材育成は業務ごとの専門家を育てることではない。

そうではなくて、専門家を育てる人材の育成、すなわちそれぞれの業務の専門家に各自の後継者または交代できる担当者を育てる方法を習得してもらうことである。

　卸売市場業界では、まだ「見て覚えろ」的な育成方法が多いなど、社内教育、社内研修のノウハウが確立されていないし、若手を社外研修に派遣することもほとんどない。そのため独り立ちするのに数年以上を要し、その間に、より条件のよい会社や業種に転職されてしまうことも珍しくない。これは業務が複雑なことや外部要因に左右されがちでマニュアル化しにくい等の事情もあるが、最大の原因は部下に教える訓練を受けてこなかったため、「教えることができない」ことだ。会社としての教育・研修をないがしろにしてきた結果だろう。

　人材育成のための人材（指導担当者）を育成するための基本は、教える内容を相手が理解しやすいように客観化し、何度も繰り返して説明する必要があることを納得してもらうことである。客観化するとは、担当商品の特性はもとより、産地・出荷者および買い手の特性について箇条書き等で整理し、誰にでも同じように伝えられるようにすること。さらには、先に述べた定型化・標準化した業務手順を分かりやすく説明でき、その手順に従って業務を実行させたり、あるいは商品を売り込む際に企画書で提案する訓練を行えること、等である。いずれにしても、業務内容等を文書化等で客観化した上で、相手に習得させるようにしていくことが肝要であろう。

　なお、人材育成にあたって指導担当者は、旧帝国海軍・山本五十六元帥の有名な言葉「やってみせ、言って聞かせて、させてみせ、誉めてやらねば人は動かじ」を忘れてはならないであろう。

# 第6章

# 市場機能強化策・Ⅲ：改正卸売市場法への対応力の強化

## （1）改正卸売市場法への対応方法

〝適者生存〟戦略の一環として、これまでに「自らの強みの維持・強化」と「高齢化による社会環境の変化への対応」について述べた。本章ではもうひとつの「法制度の変化への対応」について述べることにする。

法制度の変化については第3章において卸売市場法の改正と各卸売市場の業務規程（業務条例）の改正の両面から概説した。ここから明らかになったことの一つは、今回の法改正によって大幅な規制緩和が進んだと言うことである。その象徴的な出来事が中央卸売市場の開設区域を廃止し、開設者に民間企業がなれるとしたことと、その開設者の権限を著しく強化したことである。もうひとつは卸売市場ごとに業務規程（業務条例）の内容が大きく異なったことである。

これらの結果、今後の市場流通において主に次のような4つの変化が進むことが予想される。

その第1は、卸売市場間および業者間の競争の激化である。取引規制が大幅に緩和され、開設区域がなくなれば、商圏（販売先範囲）拡大の精神的制約も消失するため、各卸売市場の商圏が重なる部分がこれまで以上に拡大することは言うまでもない。当然、競争は一段と激しくならざるを得ない。

第2は、第1とも関連するが、卸売市場間および業者間の格差の拡

大である。これまででも拠点市場に流通が集中することで格差は拡大してきたが、取引規制の緩和や卸売市場間の業務規程の違い等から、この傾向はさらに強まるとみられる。なお、競争の激化や格差の拡大は市場数・業者数をこれまで以上に減少させることになるであろうが、それが行きすぎると、公共インフラとしての卸売市場の存在価値が消滅する可能性もある。

　第3は、兼業等に関する規制緩和によって新規事業への取り組みが容易になったことである。近年では卸売業者、仲卸業者の収益率が低下傾向にあるため、新たな事業に取り組む必要性は高い。また開設者も現状では市場使用料の増収が難しいため、何らかの新たな収入源が必要と言える。それゆえ、生き残りをかけて、これまで卸売市場関係者が取り組んだことがないような事業を始める卸売市場開設者や卸売業者・仲卸業者等も現れる可能性がある。

　もうひとつの第4は、中央卸売市場の開設者が民間企業に代わる可能性が生まれたことである。卸売市場法の改正によって開設者は地方公共団体以外に民間企業もなれることになったので、開設者の交代があっても何ら不思議ではない。ただし、開設者の権限が強化されただけに、どのような民間企業が開設者になるかは、卸売業者、仲卸業者、関連事業者はもとより、出荷者や仕入業者にとっても重要な問題と言えよう。

　以上の4つの変化に対応することを目的に、次節以下では①競争の激化の中で生き残るための合従連衡、②共同荷受け（共同荷引き）等を目的とする卸売市場間（業者間）連携の深化、③新規事業分野（関連事業分野）への進出、④ICT産業化の推進（ネット販売、自宅競りシステム）、⑤卸売市場の個性・特性の強化、⑥開設者のあり方、について検討し、それぞれの具体的方策を提案することとする。もちろ

ん、その際、卸売市場の社会的存在意義が〝高公共性・高公益性〟にあることに十分に留意することは言うまでもない。

## (2) 生き残りに向けた合従連衡

　卸売市場法が改正され、取引の規制が緩和されると共に開設区域が廃止されたことで、卸売業者や仲卸業者はもとより、開設者の中にも商圏の拡大に積極的になったところが現れた。例えば東京都は中央卸売市場条例（業務規程）の改正にあたって、「他市場業者」や「海外販路」という用語を使用することで販売先範囲の拡大を示唆した。それゆえ、これまでも物流手段の発達につれて各卸売市場の商圏は徐々に拡大してきたものの、今後はさらに一段と商圏の拡大が進むとみられる。

　各卸売市場の商圏が拡大すればするほど、仕入業者はより多くの卸売市場の中から仕入先を選ぶことができるようになる。しかも、今回の新型コロナウイルス感染症（COVID-19）等の影響を受けて中小の小売業者や外食業者等が倒産することになると、それらの業界で寡占化（チェーン化）が進み、卸売市場にとって仕入れ側が大型化するか、大型の仕入業者が増えることになる。その結果、多様な品目・規格を取り扱い、数量も多い大規模な拠点的卸売市場に、より多くの仕入業者が集まる可能性が高まる。しかも、仕入業者が集まることで拠点市場等の大規模卸売市場の販売能力がさらに高まれば、拠点市場等への出荷の集中もますます進むことになる。

　こうした状況の下では、これまで以上に多くの卸売市場（卸売業者、仲卸業者）において経営の厳しさが著しく増すことが予想される。その理由の一つは集荷の先細りである。高齢化・人口減によって流通量全体が減少する中、加工品が増え、さらに拠点市場等の特定少数の卸

売市場に出荷が集中する傾向が強まれば、当然、それ以外の多数の卸売市場の取扱高は大幅に減少せざるを得ない。

　もうひとつの理由は、中小の卸売市場にとって妥当な利益を獲得するのがますます難しくなることである。産地の大型出荷団体等から直接荷を引く場合には、自らの利益を削ってでも出荷者の利益を保証せざるを得ないし、拠点市場等から転送を受ける場合には、顧客（仕入業者）確保の観点から自らの利益を少なくしてでも価格を抑えなければならないのである。

　かくして、今後、存続が危ぶまれる卸売市場がますます増える可能性が高く、卸売市場数・業者数がさらに大きく減少する可能性が高い。卸売市場数等の減少は市場流通の効率化、あるいは残存する卸売市場・業者の取扱高の回復や経営の改善につながる可能性もあるため、評価できる面も少なくない。しかし、卸売市場数が減少しすぎると、市場出荷が困難な生産者が増え、市場仕入れが困難な小売業者等が増えることにもつながり、公共インフラとしての卸売市場の社会的存在価値が低下することもありうる。もしも、そのようなことになれば、卸売市場法が廃止されるなどして卸売市場外の大手流通資本や外資の市場流通への参入がますます容易となり、彼らに有利な寡占化が進められ、卸売市場関係者はますます窮地に追い込まれかねない。

　したがって、中小卸売市場の生き残りというだけでなく、卸売市場が公共インフラとして生き残るためにも、卸売市場数が減少しすぎないようにする必要がある。もちろん、それは競争を止めて助け合いをすることで生き残ろうといった、非現実的な「甘い話」ではない。競争しつつ生き残ることで、社会にとっての重要性を認められるようにするのである。

　では、その方法は何か。卸売市場間・業者間の合従連衡によって集

荷力、販売力を強化し、産地にとっても仕入業者にとっても重視される卸売市場になること。表現を変えれば、複数の卸売市場間、業者間で業務提携、資本提携、合併・吸収、あるいは経営統合を行い、取扱高規模を拡大することによって、大型産地やスーパーマーケット・チェーンと対等の関係を築けるようにすることである。

　合従連衡方法の中で望ましいのは、経営統合または合併・吸収であろう。業務提携や資本提携がダメということではないが、連携する卸売市場どうし、または業者どうしが対等の関係で連携するとなると、様々な意思決定に時間がかかるだけでなく、集荷や販売で効率化を進めようとしても利害関係の調整が難しい。これに対し、経営統合は持株会社（ホールディングス）に主要な意思決定権が集中し、迅速な決定が可能になるし、共同荷受けで発生する横持ち運賃等の費用も持株会社が負担することで容易に調整することも可能である。しかも、経営統合の場合、統合した各卸売市場は従来の場所で業務を継続できるため、これまでの顧客（出荷者、仕入業者）を失うこともない。また、合併・吸収も複数市場を1市場にまとめるのでない限りは経営統合と似ていると言える。ただし、意思決定の面で経営統合よりも優れている一方、異なる「企業文化」の組織が一緒になるという難しさがある。

　なお、経営統合、合併・吸収とも、同程度の規模の卸売市場・業者どうしで行うのも良いが、できれば拠点的な大規模卸売市場・業者とそれ以外の卸売市場・業者とが一緒になるのが望ましい。なぜならば、当初からリーダーが明確になるからである。

　が、いずれにしても、適正数の卸売市場が生き残り、公共インフラとしての役割を果たすためには、合従連衡によって出荷側や仕入側の大型化に対応できる規模拡大を進める必要があろう。しかも、それによって卸売市場の各業者が適正な利潤を獲得できる可能性も高まろう。

## （3）卸売市場間（業者間）連携の深化

　前節において、中小卸売市場の生き残りというだけでなく、卸売市場が公共インフラとして生き残るために、卸売市場間・業者間の合従連衡が重要であることを強調した。また、その方法として持株会社（ホールディングス）方式等を提案した。しかし、仮に持株会社方式を採用するとしても、具体的な連携方法には様々なものがあろう。例えば持株会社方式による共同荷受け（共同荷引き）であっても、全品目の荷受けを共同で行うか、一部の品目に限るか、あるいは特定の卸売市場だけが荷受けを担当するか、それとも卸売市場ごとに荷受けする品目を分担するか、等々である。そこで、〝高公共性・高公益性〟の視点から包括的に連携を進める方法として図7を提案し、連携深化の参考に資することにしたい。なお、実際に連携を実現・推進する場合、この中の一部の方法だけを利用することもできるし、他の方法と組み合わせることも可能である。

　まず、この図では持株会社の傘下に4卸売市場（大量一括荷受市場、消費地総合市場、物流センター市場、小売業等兼務市場）があると仮定する。そして共同荷受けは大量一括荷受市場が代表して行う。共同荷受けの担当市場を時々変更したり、品目ごとに分担するのは、出荷側に混乱をもたらすだけでなく、受け入れ側にとっても非効率になりやすいからである。ただし、少量の出荷物あるいは地場物については、共同荷受けで出荷者の輸送コストが削減できるとは限らないため、各卸売市場が出荷者から直接に荷を受け入れられるようにする（中小産地の育成にもなる）。すなわち、大産地の大量出荷品目については4市場分をトレーラー（40フィートコンテナ）または大型トラック1車単位で受け入れることで、大量一括取引を実現し、産地の利益の向上

に寄与する。これが実現できれば当然、大産地（大型出荷者）から重要な出荷先とみなされることにもなろう。

　また、無選別品を大型コンテナで受け入れ、大量一括荷受市場で調製・加工したり、選別・包装するのも一つの方法であろう。調製・選別・包装作業は生産時間の多くを占めることから、卸売市場がそうした作業を分担できるならば、生産者の労働の軽減や生産量の増加の面で支援することにもなる。しかも、事前に仕入業者から情報を得ることができれば、それぞれのニーズに合わせた選別・包装を行い、店舗ごとのプライベートブランド化も可能になろう。ちなみに、それが可能になると、店舗間での無益な価格競争が少なくなると言われている。

　卸売市場別分荷量と卸売市場間の取引価格については、ICT（情報通信技術）を活用すれば、出荷者側の出荷量と希望価格の情報と、3卸売市場（図7の消費地総合市場等）側の希望仕入量と希望価格の情報とを基に、荷が大量一括荷受市場に到着する前に決めることもできよう。もちろん、「なやみ」の時には規格外品等の荷余りも起きるであろうが、そのような場合には4市場の顧客（仕入業者）全員を対象にネットで競り販売するのも手である。顧客の数が多く、かつ多様であればあるほど、高級品であれ規格外品であれ、販売可能性は高まるからである。

　大量一括荷受市場から3市場への配送は、品目ごとにパレット単位またはコンテナ単位にまとめ、その上で複数の品目を組み合わせて、トレーラーまたは大型トラックで行う。もしも、トレーラーや大型トラックの荷を持て余すような小規模な卸売市場があれば、他の卸売市場による吸収を検討すべきであろう。いずれにしても、輸送コストを抑えるため、小型トラックの利用は極力避けるべきである。

　なお、持株会社方式による経営統合は互いに近接する卸売市場どう

## 図7　卸売市場間の連携方法

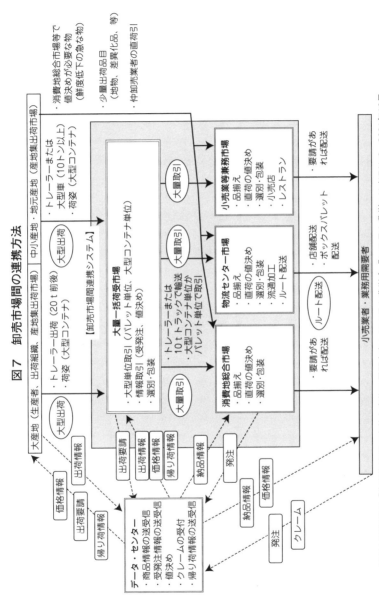

出所：藤島廣二「青果物流通の変貌と今後の展開方向」システム農学会『システム農学』Vol17.No2・2001年10月

しでも良いし、数百kmも離れた卸売市場間でも可能であろう。ただし、近接する場合には図7のように異なる特性の卸売市場が組む方が、相互間の競争を激化させなくてすむであろう。また、互いに離れている場合は、輸送コストの削減に十分に留意すべきである。そのための方策の一つとしてICTを活用した情報網によってトラックのための帰り荷を確保し、運賃交渉を有利に進めることも考えられよう。

## （4）新規事業分野（関連事業分野）への進出

　卸売市場法の改正によって卸売業者、仲卸業者とも、卸売市場内での本業に加えて兼業に力を入れることが可能になった。従来も別会社方式で小売業務や外食業務等を行っているところも存在したが、今後は直接運営することができる。しかも、業務用需要が増える中、加工業務に取り組む重要性がますます高まる一方、生産者の高齢化で脆弱化する国内生産への進出も今や喫緊の課題と言える。特に生産への進出は「自ら生産を手掛けることで生産者の苦労や商品特性を知る」ことをはじめ、「差別化商材の開発・確保」「業務用を中心とした契約取引の安定化、リスク回避」「地域農業の活性化」などにも役立つ。以下では、そうした生産への進出を中心に現在の状況を伝え、今後の参考に供したい。

　民営地方卸売市場の豊岡中央青果㈱（兵庫県豊岡市）では、2003年設立のグループ農業生産法人「夢大地」がコマツナやネギなどをハウス5ha、露地3haで生産。県の「ひょうご安心ブランド」の認証基準に加え、コウノトリが生息できる環境づくりをめざす豊岡市の独自基準を満たした「コウノトリの舞」ブランドとして、量販店を中心に出荷。2017年にはグローバルGAPも取得し、一部圃場では有機JASの認証も受けてコマツナを栽培している。安心・安全を追求した差別化

商材の開発といえる。

やはり民営地方卸売市場の㈱小林青果市場（宮崎県小林市）も、「宮崎小林ファーム」が30haの圃場で、特産のゴボウおよび冷凍野菜原料のホウレン草を主体に生産。これだけの面積をカバーするため、6台のトラクターをはじめ、定植機や収穫機など大小40台程の農業用機械を用意。注目されるのは、それらを自社生産に活かすと同時に、周辺の高齢契約農家の作業も手伝い、労力負担を軽減していること。これにより地域全体の農業活性化も図っている。

中央卸売市場でも事例が出てきた。丸果石川中央青果㈱（金沢市中央卸売市場）では、2018年から「ファーム菜四季」を設立し、金沢市の河北潟と能登の穴水町で生産に取組んでいる。県内農業が衰退しつつある中、販路を確保した「モデル的な生産手法」を広めることが目的。生産者の確保などで地元JAと連携し、行政もバックアップ。現在はカボチャ、アスパラガス、ブロッコリーなどが中心だが、将来は加賀野菜や能登野菜など地域特産品の振興も視野に入れる。

仲卸業者による生産も。㈱インザイベジフル（本社＝千葉県松戸市）では、若いスタッフが中心となり、農業生産法人「ベジフルファーム」でコマツナなどを生産している。2012年の設立だが、栽培面積（流山市、富里市）は20ha以上に拡がっている。当初は近隣農家から栽培指導を受けていたが、最近は高齢農家から圃場を任されるなど、一企業として成り立つまでに成長。土壌改良、農薬の適正化、肥料の改良、作付品種の選定などの研究も行い、積極的な研修生の受け入れも行っている。

一方、カット野菜製造で有名な民営青果市場の倉敷青果荷受組合（岡山県倉敷市）では、生産者との連携を強化する中で、2016年10月に農地所有適格法人「クラカアグリ」を設立。遊休農地・水田を活用

し、2017年2月から岡山県総社市でキャベツ、青ネギ、レタスなど、15haで565トンを自社生産している。なおクラカグループでは「岡山県産野菜生産・利用拡大協議会」を組織し、農林水産省補助事業を活用した集出荷貯蔵施設を利用し、高品質の寒玉系キャベツを安定供給。7月〜10月は長野・群馬・北海道からのリレー出荷で対応、11月からは提携農家及び自社生産した岡山産で対応している。

　水産の事例として耳目を集めているのが、東都水産㈱（東京都中央卸売市場豊洲市場）の生産、小売両面への積極進出の動きだ。茨城県の波崎地区で2019年1月から新工場が本格稼働した「波崎地区6次産業化事業」では、まき網船団を抱える地元漁業会社（石田丸漁業）と水産加工会社（津久勝）との共同出資で、プロジェクト母体の運営会社・トウスイを設立。生産・加工段階と連携して冷凍サバ・冷凍イワシの輸出事業を展開している。国の輸出振興策を追い風に扱いを増やし、市場移転後の本業の伸び悩みを補って、2020年3月期の売上高の前年超えを支えた。本業への直接貢献は小さいが、不安定な水産資源に直接アクセスできる手段を持ったことは将来決してマイナスにはならないだろう。

　東都水産㈱の子会社の埼玉県魚市場（当時は川越水産市場）が第3セクター市場の川越総合地方卸売市場で19年4月にオープンさせた一般消費者向け生鮮品小売店「生鮮漁港川越」と、同年8月に併設したバーベキュー施設「川越市場ばべきゅーる」は、卸売市場のもつ広大な敷地（駐車場や休憩所など）を活かして来場者を受け入れ、市場の活性化を目指す挑戦的な取り組みとして脚光を浴びている。鮮魚専門店激戦区ということもあって平日の集客の苦労が伝えられているものの、こちらも消費者との接点は営業活動の助けとなるであろう。

　天然魚の生産量の減少が明らかとなり、多くの経営者によって資源

アクセスへの必要性が叫ばれてはいたものの、2010年代まではなかなか成果に結実することはなかった。しかし、2010年以降、東日本大震災を契機に制定された「水産業復興特区法」で生まれた日本初の水産業復興特区・桃浦地区（宮城県石巻市）で事業が行われている。地元のカキ養殖業者と仙台水産㈱（仙台市中央卸売市場）が始めた桃浦かき生産者合同会社や、総合食品企業として成長を遂げる㈱マルイチ産商（長野地方卸売市場）が飼料会社・日本農産工業などと組んで構築した、生産から販売までを一貫してブランド養殖魚「海の匠」などで、現在ほぼ軌道に乗っている。福井中央魚市㈱（福井市中央卸売市場）の「ふくいサーモン」、横浜丸魚㈱（横浜市中央卸売市場）の「キャベツうに」など、養殖事業への参画例は枚挙にいとまがない。今後も、天然魚の急減を補う集荷の確保という面で連携事例は増えていきそうだ。

　市場経由率の維持・向上を図る視点からも、特に生産分野への進出の重要性は今後ますます高まることはいうまでもなかろう。

### (5) ICTによる情報取引・情報伝達の推進

　卸売市場というと、現物を目の前にして競り人が声を張り上げ、買い手が「手やり」で応じているイメージが強い。確かに、現物を見て、その価値を評価し、価格を決める取引は、卸売市場の基本ではある。しかし、今や卸売市場業界においても、花き卸売市場の「在宅競り取引システム」に代表されるように、卸売業者と仲卸業者・売買参加者との間でのインターネットを利用した取引システムは何ら珍しくはないし、消費者向けネット販売や小売業者等からのウェブ発注も一般化しつつある。

　しかも、これまでに述べた卸売市場間連携や関連事業分野への進出

等で成否の鍵を握るのは、ICTを活用したスムーズな情報伝達・情報取引と言っても過言ではない。もちろん、販売先が広がれば広がるほど、担当者間での入荷・在庫情報、価格情報の共有は必須であるし、販売先との数量、規格、価格等の情報のやり取りは取引交渉の基本でもある。さらに、卸売市場法の改正によって新規事業分野の開拓が容易になったことで、ビッグデータとして関連情報を販売する土壌もできあがっている。それゆえ、今後、ICTの様々な活用方法が卸売市場関係者によって考案され実行されることになろう。ここでは、あくまでも参考にすぎないが、情報取引を中心に、その活用方法として2事例を示したい。

　その一つは、本章（3）の**図7**（卸売市場間連携）で見た「産地（出荷者）→大量一括荷受市場→3卸売市場（消費地総合市場等）→小売業者等」の情報流通に基づく情報取引である。

　産地では出荷担当者（農協等）が生産者から集める翌日の予定収穫・出荷量情報を基に配車準備をすると同時に、出荷先市場へ予定出荷量・希望価格等をネットで連絡する。そして翌日、トラックに積み込んだ後で、規格別数量等の確定情報を連絡する。なお、現在はまだFAXでの連絡が多いようであるが、小型情報機器の開発で集荷場等の現場からのデータ送信がますます容易になることから、いずれは多くの産地でネットでの情報伝達が主流になろう。

　大量一括荷受市場（卸売業者）においては3市場からの必要数量等の情報を基に、産地の予定出荷量情報等を受ける前に出荷要請を行うか、予定情報を受けた後に増減の要請を行う。そして予定出荷量または確定出荷量を基に、荷の到着前に3市場とネット競り取引またはネット相対取引を行う。残品は到着後に取引せざるを得ないとしても、3市場へ送る分についてはネット取引結果情報を分荷情報に転換する

ことによって、直荷と同じ鮮度になるように到着後すみやかに分荷・送付作業を行う。ちなみに、大量一括荷受市場は生産者・出荷者との一体感を強めるために、販売量と価格の情報を出荷者へもリアルタイムで送付する必要があろう。

　消費地総合市場等の３市場では小売業者等から数量、規格、価格等のウェブ発注を受け、大量一括荷受市場が３市場向けに発送する前に、希望数量等の情報を送るだけでなく、必要に応じて無選別入荷品等の選別・包装も依頼する。そして大量一括荷受市場からの荷の到着後は、直荷と一緒にトラックで各店舗への配送を行う。残品になりそうな荷があれば、配送前にインターネット経由で小売業者等に売り込みを図るか、配送後に消費者向けネット通販等を行う。

　いずれにしても、卸売市場間連携を進めるためには、卸売市場どうしはもちろんのこと、産地（生産者）から小売業者（または消費者）までがクラウドサービス等を利用してネットでつながる必要がある。

　もうひとつは、高齢化社会の中で食の外部化が進み、業務用需要が増えてくると、取引をスムーズに進める上で重視される在庫情報に関してである。

　卸売市場の取扱品目の中には玉ねぎ、冷凍魚、鉢物などのように、意外なほど長期間の保存がきく品目や、数週間程度の保存であれば何ら問題がない品目も多い。それらの品目はもちろんであるが、他の品目も業務用需要者向けに販売するとなると、数量調整のための在庫が必要になる。しかも、今後、業務向け販売が増えることは間違いないため、卸売市場にとって在庫管理の重要度が著しく高まることになろう。

　この在庫管理には既に情報機器が使用されるのが一般化しつつあるが、卸売市場間連携のように複数の卸売市場で在庫管理を行う場合は、情報機器の利用は絶対的であろう。しかも、複数の卸売市場が在

庫情報を共有するとなると、IoTのようなインターネットと結びつけた無線通信技術の活用が必須になる。

　複数市場間での在庫情報の共有が可能になれば、荷の融通等によって在庫量を大きくできることなどから、大手の外食チェーン等への対応が容易になると言うだけでなく、引当在庫数や有効在庫数の計算もできるし、相互の在庫コストの比較等を通してコスト削減に向けた効率化を進めることもできよう。

　なお、ICTの活用方法としてこれまでに述べたこと以外、例えば卸売市場へ荷を運んでくるトラックに帰り荷情報を提供するサービスなど、まだまだ多くの方法があろう。

## （6）卸売市場の個性化・ブランド化の推進

　改正卸売市場法の下では卸売業者や仲卸業者に対する兼業規制が緩やかになると共に、卸売市場施設に関する規制も大幅に緩和された結果、卸売市場は生鮮品の卸売という本来業務を中核としつつも、多様なサービス事業の展開がこれまでになく容易になった。また、業務規程（業務条例）の改正も国がモデルを示さなくなったことによって、卸売市場ごとに違いが鮮明になった。それゆえ、各卸売市場にとってそれぞれの特性を強化し、〝個性化・ブランド化〟を推進できる余地が生まれた。

　しかも、卸売市場間で持株会社方式による経営統合を行う場合、あるいは相手方卸売市場を吸収する合併を行う場合、同質的な卸売市場どうしの統合・合併も確かに1つの方法ではあるが、できれば特性の異なる「個性的な卸売市場」の統合・合併が望まれる。なぜなら、異質な卸売市場どうしということであれば集荷先相手が異なる可能性が高く、販売先相手も異なる可能性が高いことから、集荷先と販売先の

数の増加と取扱品目・品種の多様化とが進み、取扱量の増加がより強く期待できるからにほかならない。ちなみに、統合・合併の動きから離れて、従来どおりのまま存続することを望む卸売市場の場合も、他の卸売市場と競合する必要がないよう「特性＝個性」を強化し、〝ブランド〟力を高める努力が求められよう。

　ところで、卸売市場の〝個性化・ブランド化〟につながるような「特性」とは何であろうか。様々なことが挙げられよう。例えば「りんごの弘果」「ふぐの南風泊」のように特定の品目に強みを持っているのも重要な特性であるし（弘前市場や南風泊市場は〝ブランド市場〟と言っても大過ないであろう）、産地市場に見られる昼市や夕市といった取引時間帯の違いも特性と言える（外国には24時間取引を行う卸売市場もある）。さらに、改正卸売市場法で部類制が廃止されたことから、今後は卸売業者または仲卸業者が取扱品目として生鮮4品（青果物、水産物、食肉、花き）やその他の品目をどのように組み合わせるかも、卸売市場の特性になりうるであろうし、卸売業者と仲卸業者の間の垣根が低くなったことから、両者がどのように連携するかも特性になるであろう。

　もちろん、先の**図7**（卸売市場間連携）で例示した消費地総合市場、物流センター市場、小売業等兼務市場もそれぞれが異なる特性を有する卸売市場である[注16]。消費地総合市場の特性は小売業者等が「ワンストップ仕入れ」を行えること、すなわち生鮮4品に加えて、加工食品や米等も仕入れることができる卸売市場であること。物流センター市場の特性は小売業者や業務用需要者の要望に応じてカット野菜

（注16）詳しくは市場流通ビジョンを考える会監修『市場流通2025年ビジョン』（筑波書房・2011年）p.98〜106を参照されたい。

やフィレー（3枚おろし）の作成だけでなく、パック包装や値札貼り等の様々な流通加工を行えること。そして小売業等兼務市場の特性は卸売業者、仲卸業者または両者以外の希望者が市場敷地内において小売業務やレストラン業務等を行うことである。ただし、実は、これらの特性は既に各地の卸売市場において多少なりとも取り組まれていることでもある。

　上記以外で今後の特に重視すべき特性は、どのように産地と連携を進め、どのように国内生産を活性化するかであろう。これは産地市場に限られるものではなく、中央卸売市場も同じである。と言うのは、生産者の高齢化によって国産品の生産量＝出荷量が減少しつつある中、それに代わって増加した輸入品の市場経由率が極端に低いからである<sup>(注17)</sup>。

　この活性化に関しては本章（4）「新規事業分野（関連事業分野）への進出」のところで卸売業者や仲卸業者が生産を直接担う方法について述べたが、ここではもうひとつの方法を農業を例に指摘しておきたい。それは農協と同じように生産者を囲い込み、当該卸売市場向け出荷のモチベーションを高める方法であるが、具体的には以下のM1～M7のような手法の組み合わせである。

M1：卸売市場は自市場への出荷者（生産者）を対象に、研修会等への参加を目的とする生産者部会を構成する。

M2：卸売市場が研修会・研究会を主催し、外部講師を呼ぶなどして、土壌検査に基づく施肥方法や病害虫の防除方法等を部会生産者に周知する。

---

（注17）　第2章（2）の注9や第5章（3）の注14で指摘したように、国産青果物の2016年度の市場経由率が79.5％であったのに対し、輸入青果物は7％ないしは9％であった。

M3：農業資材販売業者等と提携して、部会生産者に種苗、農薬、マルチシート等の農業資材を割引で販売できるようにする。

M4：大学や農業試験場等と連携して当該地域に適した品種を開発するなどして、品質の向上あるいは生産量の増加を推進する。

M5：地方公共団体・農業試験場等と協力して、農作業技術の習得を希望する定年退職者等を対象に「援農隊」を組織し、繁忙期の支援体制を構築する。

M6：卸売市場が調製・選別・包装作業を行い、さらに生産者の顔写真入りのタグ等の貼付作業も行うなどして、生産者支援と高付加価値化に務める。

M7：大学や農業試験場等の協力を得て、複数卸売市場（連携卸売市場）の販売データ等の分析を行い、成長商品、高収益商品等を解明し、その情報を生産者に提供する。

　以上に限られるものではないが、これらの手法のいくつかを組み合わせて、あるいは他の手法も取り入れるなどして当該市場に出荷する生産者の生産量を増やし、産地を活性化できるならば、その力は当該卸売市場を特徴付ける〝ブランド〟ともなり得るであろう。

　これからの時代、卸売市場が存続する上で個性化・ブランド化は軽視できないし、他の卸売市場との統合等を有利に進める上でも、個性化・ブランド化は重要と言えよう。

## (7) 開設者〝株〟への参加

　改正前の卸売市場法は第7条で「農林水産大臣は…一体として生鮮食料品等の流通の円滑化を図る必要があると認められる一定の区域を、中央卸売市場開設区域として指定する」と定め、第8条で「地方公共団体は、農林水産大臣の認可を受けて、開設区域において中央卸売市

場を開設することができる」と定めていた。すなわち、中央卸売市場の開設は農林水産大臣が指定する開設区域内に限られ、開設者は当該開設区域を有する地方公共団体に限られていた。

　ところが、改正卸売市場法は上記の第7条と第8条を削除し、新たに第2条で「『開設者』とは、卸売市場を開設する者をいう」と定義した。この結果、中央卸売市場の開設者は地方公共団体に限るという制約は廃止され、民間企業が開設者になれる途が開かれた。これを受けて、中央卸売市場開設者の民営化を検討し始めたとみられる地方公共団体も現れた。

　しかも、開設者の権限が著しく強化された。例えば、第三者販売等の「その他の取引ルール」の決定権を開設者が持つことになったし、卸売業者の許可権限も開設者が持つことになった。さらには、開設者は「取引参加者に遵守事項を遵守させるために必要な体制を有すること」（第4条第5項第7号、第13条第5項第7号）になった。

　開設者の民営化が一概に問題だということではないが、地方公共団体から民間企業に変わった場合、まったく同じままということはないであろう。民間企業であれば利益を上げるのが使命であることから、強い権限を利用して大きな利益を追求しようとする開設者が出ないとは限らない。そのようなことになった場合、どのようなことが起きるであろうか。少なくても次の2点が考えられよう。

　第1はごく当然のことであるが、卸売業者や仲卸業者等が開設者に支払う卸売市場施設借用料（市場使用料）の値上げである。

　現在ではほとんどの中央卸売市場の運営は赤字であるし、市場使用料は市場周辺の倉庫等の施設の借用料に比べ安いと言われている。それゆえ、開設者が地方公共団体のままであっても値上げは避けられないと思われるが、開設者が民間企業になれば、税金で運営費の赤字を

補填できなくなるというだけでなく、修繕費や改築費の積み立ても必要になるなどの理由から、かなり大幅な値上げとなる可能性が小さくない。ちなみに、朝日新聞デジタル（2018年5月10日）によれば、東京浅草の浅草寺の仲店商店街では店舗施設の所有権が東京都から浅草寺に移譲されたことによって、1㎡当たりの家賃は2018年1月に1,500円から1万円に上がり、8年後には2万5千円、16倍強になるとのことである。

　ちなみに、もしも市場使用料が大幅に高騰することになれば、第1章（3）で明らかにした「流通コストの縮減」の仕組みも崩壊しかねないであろう。しかも、いったん崩壊してしまえば、卸売市場で取り扱う品目は誰もが必要とする生活必需品であるだけに、年金暮らしの高齢者はもちろんのこと、母子家庭等の経済的弱者にとって、たいへん厳しい状況になることも間違いなかろう。

　第2は、卸売市場外の流通資本や外資による生鮮品流通の寡占化の進行である。

　民間企業が開設者になれば、当該企業が開設者という立場を活用して利益を上げようとするのは理の当然である。その一つの現れが上述の市場使用料の値上げであるとも言える。が、それだけでなく、市場外の流通資本や外資が開設者となった場合、その強い権限を用いて卸売業者や仲卸業者を意のままに動かし、自己のグループに属するスーパー等の仕入れを有利にすることが考えられる。なぜならば、卸売市場が取り扱っている生鮮品は多くの人々が日々購入することから、他の商品とは比較にならないほど高い集客力があるため、それを牛耳ることで小売業界等での寡占化の推進が容易となり、利益率の向上が図りやすくなるからである。特に日本の場合、小売業界の寡占度は先進国の中で最も低く[注18]、寡占化を進める余地は大きいとみられる。

　ただし、そうした寡占化が行われた場合、卸売業者や仲卸業者の利益率は下がることはあっても、上がることはないであろう。仮に上がるようなことになれば、開設者となった市場外の流通資本や外資にとってその分だけ利益率が下がることを意味するからである。

　しかし、いずれにしても上記のようなことが起きた場合、卸売市場は公共性・公益性がともに高い公共インフラとしての役割を終え、その社会的存在価値を低下させることになる。それゆえ、そうしたことが起きないような対策を卸売市場関係者は考えておく必要があると思われる。

　その際、最も重要な点は、市場外の流通資本や外資が好き勝手に振る舞えないようにすることである。そのためには、開設者の民営化が行われる場合、必ず卸売業者や仲卸業者あるいは地方公共団体が開設者となる新会社に参加できるようにすることであろう。

　そのための方法の一つは、既に地方卸売市場で取り入れられている第三セクター方式の採用である。

　その場合、対象となる卸売市場が管轄区域内にある地方公共団体が単独で、あるいは隣接する地方公共団体と一緒になるか、卸売業者、仲卸業者等の卸売市場関係者と一緒になって、当該市場の開設者となる会社の株を半分以上保持することが望まれる。これによって、卸売市場関係者以外のどのような資本が開設者に参入したとしても、自らの都合だけでものごとを決めることはできないことになる。

　もうひとつの方法としては、地方公共団体の参加がかなわない場合、卸売業者、仲卸業者等の市場内業者だけで、あるいは卸売市場外の関係者とも組むことによって、開設者となる新会社を立ち上げることが

---

（注18）第1章（2）の注3を参照。

考えられよう。

　この際の卸売市場外の関係者とは、特定の資本が寡占化を進めることで被害をこうむる可能性が高い組織・企業である。例えば小売業界の寡占化が進んだ場合、買いたたきの対象になる可能性が高い出荷者側の組織である農協や漁協、あるいは寡占化を進めるために排除の対象となり得る可能性が高いローカル・スーパーマーケット・チェーンや小売業者の組織等である。

　もちろん、このようなことを進めるためには、卸売市場の社会的役割の重要性を多くの人々に認識してもらえるように努め、さらに地方公共団体または国に外部の資本が単独で開設者になることを認めないように働きかけることも必要であろう。

# おわりに

　本書の執筆者はいずれも20年から50年もの間、取材・調査等で卸売市場にかかわってきている。その過程で卸売業者、仲卸業者をはじめとする卸売市場関係者には多大のお世話になっている。本書自体がそうした方々から教えていただいたことの集大成にほかならないと言っても過言ではない。もちろん、本文中に注書きもしているように文献・データから得たヒント等も少なくはないが、現場の方々の声が本書のまとめに強く作用したことは間違いない。心から感謝するばかりである。

　執筆過程において、部外者としての立場から非常に不思議に感じたことがある。それは卸売市場が我が国の高度経済成長の礎（いしずえ）となり、現在も経済的弱者を支える役割を担うなど、社会への貢献度が極めて高いにもかかわらず、卸売市場関係者がそのことを外部に発信しようという努力をほとんどしていないことである。そのため、現実を理解できていない規制改革推進会議や未来投資会議などは「卸売市場はいらない」という立場から政策提言を行ったし、2017年成立の農業競争力強化支援法では国が生産者と消費者の直接取引を支援することにもなった。また、東京都や名古屋市は卸売業者や仲卸業者を排除して、すなわち当事者を入れないかたちで、卸売市場のあり方や活性化を検討する会を立ち上げた。我々のように卸売市場の社会的貢献度を知っている者からすると、卸売市場関係者が不当に軽視されているとしか思えないのである。

　近年、自衛隊はほとんどの国民に認められる存在になったというだけでなく、尊敬される存在ともなった。今や若者の間で就職にあたり

警察官と自衛官のいずれかを選ぶ場合、自衛官を選ぶ者が増えていると言われているほどである。何故そのようなことになったのか。多くの人々が災害時等に自衛隊が社会に大いに貢献していることを知るようになったからである。自衛隊は災害出動の際、車両等にそのことを明示しているが、それをテレビ等のマスコミが取り上げることで、国民の多くが自衛隊の貢献度の高さを知ったのである。自衛隊もしっかりと外部への発信を行っているのである。

　卸売市場が今後、〝適者生存〟戦略を駆使して存続しようとする場合、国民の多くが卸売市場の存在価値を理解し、その必要性を感じているか否かは極めて重要である。これまででさえ、国民の多くが卸売市場の必要性を感じていたならば、生産者と消費者の直接取引の推奨を条文とする法律など成立しなかったであろうし、卸売市場のあり方・活性化を検討する会に当事者である卸売業者、仲卸業者を参加させないなどという馬鹿げたことも行われなかったであろう。今後もこれまでと同様、国民の多数が必要と感じていないということになれば、卸売市場を支援する政治家はどんどん少なくなるであろうし、中には卸売市場の廃止を選挙公約に掲げる者も現れよう（1960～70年代には中央卸売市場の設立を選挙公約に掲げる政治家がいた）。そうなると、卸売業者や仲卸業者が環境の変化に対応するために大いに努力したとしても、思うような結果を得られないことにもなろう。

　卸売市場関係者は〝適者生存〟戦略を実施するにあたっては、卸売市場の社会的な機能・役割をもっと深く究明し、第4章（6）でも指摘したように、その成果を世間に積極的に訴えるべきではなかろうか。もちろん、我々のような部外者も積極的に協力したい。

執筆者一同

〈監修者〉
市場流通ビジョンを考える会幹事会
代表幹事：磯村信夫（㈱大田花き・代表執行役社長）
幹事（50音順）：青木一芳（㈱宇都宮花き・代表取締役社長）、伊藤裕康（中
　　　央魚類㈱・代表取締役会長）、大井溥之（東京青果㈱・常勤監査役）、
　　　小池潔（㈱フローレツエンティワン・代表取締役社長）、早山豊（全
　　　国水産物卸組合連合会・会長）、原田篤（横浜丸中ホールディングス
　　　㈱・代表取締役社長）、藤島廣二（東京聖栄大学・常勤客員教授）、本
　　　田茂（HS経営コンサルティング㈱・代表取締役社長）、松尾昌彦（横
　　　浜丸魚㈱・常務取締役）、矢野泉（広島修道大学・教授）、渡辺省三（㈱
　　　ベジテック・専務取締役）

〈構成・執筆者〉
藤島廣二（東京聖栄大学・常勤客員教授）
　　担当：第1章、第2章、第3章（1）・（2）、第4章（1）・（2）・（3）、第5
　　　章（1）・（2）・（6）、第6章（1）・（2）・（3）・（5）・（6）・（7）

〈執筆者〉
八田大輔（㈱水産経済新聞社・部長代理）
　　担当：第4章（4）・（5）・（6）、第5章（3）・（4）・（5）、第6章（4）
宮澤信一（㈱農経新聞社・代表取締役社長）
　　担当：第3章（3）、第4章（2）・（3）、第5章（2）・（6）、第6章（4）
鈴木誠（㈱ナチュラルアート・代表取締役社長）
　　　担当：第6章（2）・（3）・（5）・（6）

## 〝適者生存〟戦略をどう実行するか

### 卸売市場の〝これから〟を考える

2020年8月13日　第1版第1刷発行

監　修　市場流通ビジョンを考える会幹事会
発行者　鶴見治彦
発行所　筑波書房
　　　　東京都新宿区神楽坂2－19 銀鈴会館
　　　　〒162－0825
　　　　電話03（3267）8599
　　　　郵便振替00150－3－39715
　　　　http://www.tsukuba-shobo.co.jp

定価は表紙に示してあります

印刷／製本　平河工業社
© 2020 Printed in Japan
ISBN978-4-8119-0579-2 C3033